Veronika Wirth

Werkstatt Religion

Ideen – Skizzen – Arbeitsmaterialien

(nicht nur) für den Religionsunterricht
in den Klassen 3 bis 6

kon kordia Verlag

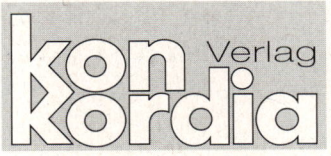

Veronika Wirth

Werkstatt Religion

Ideen – Skizzen – Arbeitsmaterialien

Konkordia Verlag GmbH
Eisenbahnstraße 31
77815 Bühl
Telefon (0 72 23) 98 89 64
Telefax (0 72 23) 98 89 45

ISBN 3-7826-7025-6

© 1995 Konkordia Verlag GmbH, 77815 Bühl

Alle Rechte vorbehalten. Das Werk einschließlich aller seiner Teile ist urheberrechtlich geschützt. Jede Verwertung außerhalb der engen Grenzen des Urheberrechtsgesetzes ist ohne Zustimmung des Verlages unzulässig und strafbar. Das gilt insbesondere für Vervielfältigungen, Übersetzungen, Mikroverfilmungen und die Einspeicherung und Verarbeitung in elektronischen Systemen.

Die letzte Zahl bezeichnet das Jahr dieses Druckes: 1998 97 96 95

Gesamtherstellung: Konkordia Druck GmbH, 77815 Bühl

Bestellnummer 7025

Vorwort mit Hinweisen zum Gebrauch

Liebe Kolleginnen und Kollegen,

als Religionslehrer und -lehrerinnen haben wir es oft besonders schwer. In vielen Fällen unterrichten wir nur ein bis zwei Stunden pro Woche in einer Gruppe, die zudem oft aus drei oder mehr Klassen zusammengesetzt ist. Besonders in der Grundschule wird die Fachlehrerin / der Fachlehrer häufig als Eindringling empfunden, der dafür verantwortlich gemacht wird, daß das traute Zusammensein in der Klassengemeinschaft unterbrochen wird und Freunde und Freundinnen, die der anderen Konfession angehören, verlassen werden müssen.

Darüber hinaus verliert das Fach Religion zunehmend an Bedeutung. Es zählt nicht zu den Leistungsfächern, die über eine zukünftige Karriere entscheiden können. Es hat nur noch wenig Rückhalt in den Familien, und die religiöse Sozialisation im Elternhaus findet kaum noch statt. Das bedeutet, daß christliche Werte und biblische Inhalte dort weitgehend nicht mehr vermittelt werden. Das Kinderleben hat sich verändert. Berufstätige Eltern, Scheidungswaisen, gesteigerter Fernseh- und Videokonsum, Trend zum Einzelkind, erhöhte Gewaltbereitschaft, zunehmende Drogen- und Suchtgefahren, Umweltkatastrophen und Zunahme von Verhaltensauffälligkeiten sind Schlagworte, die diese Veränderung nur andeuten können.

Vor diesem Hintergrund versuche ich im Rahmen meiner Möglichkeiten, den Religionsunterricht so zu gestalten, daß er in erster Linie das Selbstwertgefühl stärkt und den Gemeinschaftssinn fördert. Grundlage dafür sind häufig biblische Inhalte und Texte, die ich in eine zeitgemäße Form zu bringen suche. Das vorliegende Werk ist eine Sammlung von Ideen und praktischen Unterrichtshilfen, die im Laufe von mehreren Jahren entstanden sind.

Alle Vorschläge wurden in der Praxis erprobt.
Die Themenbereiche dienen insbesondere den Lernzielen „Förderung der Gemeinschaft" und „Stärkung des Selbstwertgefühls".

Sie finden keine vorgefertigten Unterrichtseinheiten für eine bestimmte Jahrgangsstufe, sondern skizzierte Unterrichtsabläufe und Materialien, die unterschiedlich und in verschiedenen Altersstufen genutzt werden können.

Die Zeichen

○ = 3. Jahrgangsstufe,

△ = 4. Jahrgangsstufe,

□ = 5./6. Jahrgangsstufe,

rechts oben auf den Kopiervorlagen „M" geben Hinweise für Einsatzmöglichkeiten.

Die Kopiervorlagen beschränken sich häufig nur auf einen Text ohne Arbeitsanweisungen und Fragen.
Diese können – der Gruppe entsprechend – selbst hinzugefügt oder vom zugehörigen Lehrer/-innen-Handblatt „L" übernommen werden (ausschneiden und dazukopieren).
Bei manchen Kapiteln, z.B. 3: „Ich brauche dich", finden Sie zu einer Kopiervorlage (M 3.3) drei Lehrerhandblätter (L 3.3a; L 3.3b; L 3.3c), auf denen weiterführende Anregungen, Spiele usw. aufgeführt sind.

Alle Materialien sind als Ergänzung und Hilfe für die eigene Unterrichtsplanung gedacht. Ich danke allen Kindern, die durch ihre Bilder und die Mitarbeit im Unterricht zur Gestaltung dieses Buches beigetragen haben und wünsche Ihnen und den Schülerinnen und Schülern viel Freude damit.

Veronika Wirth

Inhalt

(M = Material / Kopiervorlagen, L = Lehrer/innen-Blatt)

1.	**So bin ich – so bist du**	
M 1	So bin ich	6
L 1.1		7
L 1.2		8
2.	**Ich kann was, was du nicht kannst**	
M 2.1	Ich weiß, was ich kann	9
L 2.1		10
M 2.2	Ich sehe, was du kannst	11
L 2.2		12
3.	**Ich brauche dich**	
M 3.1	Ich bin lahm	13
L 3.1		14
M 3.2	Taub und stumm sein	15
L 3.2		16
M 3.3	Blind sein	17
L 3.3 a		18
L 3.3 b		19
L 3.3 c		20
4.	**Schön, daß es dich gibt**	
M 4.1 a	Es ist schön, daß es dich gibt	21
M 4.1 b	Es ist schön, daß es dich gibt	22
L 4.1		23
5.	**Ich liebe mich – ich liebe dich**	
M 5.1	Was stimmt?	24
L 5.1		25
M 5.2	Die 10 Gebote	26
L 5.2		27
M 5.3	Ich mag mich	28
L 5.3 a		29
L 5.3 b		30
M 5.4	Das Beispiel des barmherzigen Samariters	31
L 5.4		32
M 5.5	Mir doch egal?	33
L 5.5		34
M 5.6	Die goldene Regel	35
L 5.6		36
6.	**Manchmal verstehe ich dich nicht**	
M 6.1	Enttäuscht	37
L 6.1		38
M 6.2	Streitgespräche	39
L 6.2		40

7.	**Ich kann dir nicht die Wahrheit sagen**	
M 7.1	Hananias und Saphira	41
L 7.1		42
M 7.2	Petrus verleugnet Jesus	43
L 7.2		44
8.	**Du liebst mich trotzdem**	
M 8.1 a	Die Geschichte vom Vater und seinen zwei Söhnen	45
L 8.1 a		46
M 8.1 b	Wie ist der Vater?	47
L 8.1 b		48
9.	**Komm, wir vertragen uns wieder**	
M 9.1	Niemand ist ohne Schuld	49
L 9.1		50
M 9.2 a	Lisi mit den zwei Gesichtern	51
M 9.2 b	Lisi mit den zwei Gesichtern	52
L 9.2 a/b		53
10.	**Ich vertraue dir**	
M 10.1	Stille-Text	54
L 10.1		55
M 10.2	Der Herr ist mein Hirte	56
L 10.2		57
M 10.3	Nach Psalm 139: Ich sitze oder stehe…	58
L 10.3		59
M 10.4	Ich habe Angst vor der Zukunft	60
L 10.4		61
M 10.5	Mit Jesus in einem Boot	62
L 10.5		63
		64
L 10.6 a		65
L 10.7		66
11.	**Ich habe Glück – ich freue mich**	
M 11.1	Zum Andenken	67
L 11.1		68
L 11.2		69
M 11.3	Wer darf sich freuen?	70
L 11.3		71
M 11.4	Bergpredigt	72
L 11.4		73
M 11.5	Freuen dürfen sich alle, die ein „reines Herz" haben	74
L 11.5		75

12. Vom Haben, Verlieren und Geschenktkriegen

M 12.1	Meine Sachen, deine Sachen, unsere Sachen	76
L 12.1		77
M 12.2 a	Alles ist anders	78
M 12.2 b	Alles ist anders	79
L 12.2 a/b		80
M 12.3	Ein krebskranker Junge aus Tschernobyl erzählt	81
L 12.3		82
M 12.4	Was Hiob alles besitzt	83
M 12.5	Wozu noch leben?	84
M 12.6	Nackt bin ich auf die Welt gekommen	85
L 12.4, 5, 6		86

13. Vom Bitten und Danken

M 13.1	Worum wir bitten	87
L 13.1		88
M 13.2	Bittet, so wird euch gegeben	89
L 13.2		90
M 13.3	Jesus zog auf einen Berg, um zu beten	91
L 13.3		92
M 13.4	Gebet eines Schülers nach Psalm 69	93
L 13.4 a		94
L 13.4 b		95

14. Gott, ich suche dich

M 14.1	Die Arbeiter im Weinberg	96
L 14.1		97
M 14.2	So wird es sein, wo Gott ist	98
L 14.2		99
L 14.3		100

15. Jonas und der Walfisch

M 15	Bildergeschichte	101
L 15		102

16. Josef, der Träumer

M 16 a	Bildergeschichte	103
M 16 b	Bildergeschichte	104
L 16 a/b		105

17. Wir brechen auf in die Freiheit

M 17.1	Jeder macht, was er will	106
L 17.1		107
M 17.2	Was mich gefangenhält	109
L 17.2		110
M 17.3	Der Ursprung des Passahfestes	111
L 17.3		112
L 17.4		113

So bin ich – so bist du

M 1

So bin ich

Manchmal träume ich …

_____
_____
_____
_____

Ich denke oft an …

_____
_____
_____
_____

So bist du

Manchmal bin ich traurig, weil …

_____
_____
_____
_____

Ich freue mich …

_____
_____
_____
_____

© Konkordia Verlag GmbH, 77815 Bühl

So bin ich – so bist du

L 1.1

Verwendungsmöglichkeiten von M 1:

Die beiden Rahmen können folgendermaßen genutzt werden:

1. Ich male ein Bild von mir und von dir:
   So sehe ich mich – so sehe ich dich
   Anlaß für ein Partnergespräch

2. Ich drücke in Farben meine Person aus.

Der Text auf der rechten Seite soll dazu anregen, Grundbefindlichkeiten und Seinszustände zu erkennen, aufzuschreiben und anschließend darüber zu sprechen.

Neben dem So-bist-du-Rahmen befinden sich nur Leerzeilen, weil die Kinder erst durch gegenseitige Befragung herausbekommen sollen, wie der andere sich gerne darstellen möchte.

Wünschenswert ist es, wenn die Kinder das Materialblatt M 1 nur als Anregung begreifen, um weitere Zustände und Befindlichkeiten zu benennen und darzustellen.

Arbeitsauftrag:

**Male die Fläche innerhalb des Rahmens bunt aus!
Benutze dazu die Farben, die am besten zu dir passen!**

(beim 2. Rahmen: Benutze dazu die Farben, die am besten zu deinem Mitschüler/deiner Mitschülerin passen.)

Sprecht darüber, warum ihr diese Farben gewählt habt!

Weitere Anregungen:

1. Mit Schminke, Verkleidungsmaterial, Musikinstrumenten **Grundbefindlichkeiten und Seinszustände betont darstellen**, z.B. wütend: Das Gesicht mit roten Flammen bemalen, schwarzer Umhang, klirrendes, hochtönendes Musikinstrument. Schnaubend und stampfend auf- und abgehen.

   Beleidigt: Sich unter einem großen Stück Stoff verstecken. Sich in eine Ecke des Klassenraumes zurückziehen, in gleichmäßigen Abständen einen dumpfen Trommelton erzeugen.

   Hinweis dazu: Bei älteren Kindern reicht es, wenn diese beiden Beispiele angesprochen und von den Kindern ergänzt werden. Bei jüngeren Kindern (bis Klasse 4) ist es sinnvoll, selbst etwas vorzuspielen.

   Wenn alle Kinder etwas eingeübt haben, spielen sie es der Reihe nach vor. Die anderen müssen raten.

2. **Geschichten schreiben.**
   Als ich einmal glücklich, fröhlich, traurig, ... war. Ein Buch daraus machen: „So sind wir."

3. Jeder bringt ein **Lieblingsfoto** von sich mit, erzählt dazu eine Geschichte. Die Fotos werden auf einen großen Plakakarton geklebt und mit Untertitel versehen, z.B.: „Das ist Silke, als sie einmal sehr fröhlich war" oder: „Das ist Reiner, als er furchtbar wütend war".

So bin ich – so bist du

L 1.2

4. Gelenkte Fantasie „Wiese" (ab Kl. 4)

Die Kinder sitzen im Stuhlkreis. Ihre Beine stehen nebeneinander, die Füße berühren den Boden, der Rücken die Stuhllehne. Wir beginnen mit drei tiefen Atemzügen: ausatmen, wobei die Bauchdecke eingezogen wird, einatmen, wobei die Bauchdecke sich nach außen wölbt. Wenn alle Kinder einen gemeinsamen Atemrhythmus gefunden haben, schließen sie die Augen. Kinder, die nicht mitmachen wollen, sitzen still außerhalb des Kreises. Die Kinder bekommen den Hinweis, daß sie während der gesamten Zeit von ca. 3 Minuten nicht sprechen dürfen, wenn die Lehrerin Fragen stellt.

Die Lehrerin/der Lehrer liest vor, langsam und mit beruhigender Stimme:
  In Gedanken verlassen wir jetzt diesen Klassenraum. Du gehst eine Straße entlang, die direkt in den Wald führt.
  Höre einmal in die Stille hinein! –
  Du nimmst verschiedene Gerüche wahr. –
  Am Ende des Waldweges kommst du auf eine Wiese.
  Dort setzt du dich hin.
  Schau dir genau den Platz an, auf den du dich setzt! –
  Was siehst du? –
  Welche Pflanzen wachsen dort? –
  Gibt es kleine Tiere? –
  Nun legst du dich ganz in deine Wiese hinein und betrachtest den Himmel.
  Wie fühlst du dich? –
  Bleibe eine Weile liegen.
  Schaue, höre, rieche, fühle!
  Langsam erhebst du dich.
  Du drehst dich noch einmal um und verabschiedest dich von deiner Wiese.
  Du gehst denselben Weg wieder zurück. –
  Jetzt kommst du an der Schule an.
  Du gehst in dieses Klassenzimmer, setzt dich auf deinen Stuhl und streckst dich.
  Langsam öffnest du die Augen.

Die Kinder erzählen der Reihe nach von ihrer Wiese, z.B.: Ich sitze auf einer großen Blumenwiese.
Überall blühen Margeriten und Butterblumen.
Kleine Käfer klettern an den Stengeln hoch.
Neben mir ist ein Maulwurfshügel.
Ich liege im Gras und schaue in den blauen Himmel, die Sonne scheint.

Oder:
Die Kinder malen, ohne vorher darüber gesprochen zu haben, ihre Wiese. Nachdem die Bilder ausgestellt worden sind, wird darüber gesprochen:
Jedes Kind stellt per Bild seine Wiese vor, sagt ein paar Sätze dazu.

Der Lehrer/die Lehrerin faßt zusammen, z.B.:
- Wir sind so unterschiedlich wie unsere Wiesen.
- Bei dem einen blühen viele unterschiedliche Blumen.
- Das Gras ist saftig und grün.
- Bei dem anderen ist die Wiese ganz grün, nur einige kleine Blümchen sind zu sehen.
- Ein Maulwurf hat viele Hügel in die Wiese gesetzt.

Die gelenkte Fantasie von der Wiese kann öfters im Schuljahr wiederholt werden. Es ist interessant, wie sich die Bilder bei einigen Kindern verändern. Sie geben Aufschluß über die innerseelische Entwicklung und bieten einen Ansatzpunkt für eine Beratung der Eltern und für einen guten Umgang des Kollegiums mit auffälligen Schülerinnen und Schülern.

Ich kann was, was du nicht kannst

M 2.1

Ich weiß, was ich kann

- ❐ gut zuhören
- ❐ Geschichten erzählen
- ❐ andere trösten
- ❐ Witze erzählen
- ❐ gut turnen
- ❐ singen
- ❐ malen
- ❐ basteln
- ❐ gut organisieren
- ❐ mich gut orientieren (ich finde mich überall zurecht)
- ❐ vorlesen
- ❐ günstig einkaufen
- ❐ gut rechnen
- ❐ gut schreiben
- ❐ Hausarbeit erledigen
- ❐ Gartenarbeit erledigen
- ❐ Fußball spielen
- ❐ radfahren
- ❐ tanzen
- ❐ ein Musikinstrument spielen
- ❐ gut mit Tieren umgehen
- ❐ mich um alte Menschen kümmern
- ❐ Behinderten helfen
- ❐ jemandem eine Freude machen
- ❐ Erste Hilfe leisten
- ❐ mich für die Umwelt einsetzen
- ❐ Abfall im Wald einsammeln
- ❐ kochen und backen
- ❐ nähen
- ❐ stricken oder häkeln
- ❐ weben
- ❐ alleine sein
- ❐ Theater spielen
- ❐ schwimmen

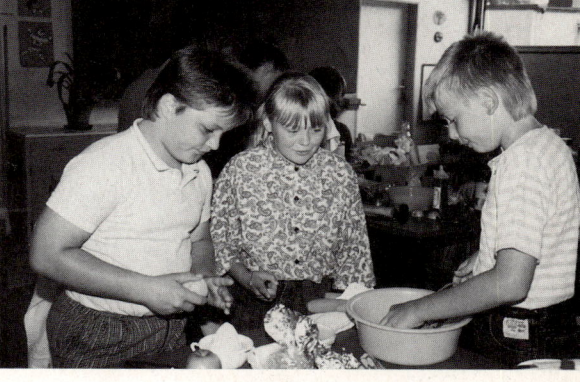

❐ **Ich kann noch etwas ganz Besonderes:**

_____

_____

_____

Ich kann was, was du nicht kannst

L 2.1

Verwendungsmöglichkeiten von M 2.1:

1. Jeder Schüler/jede Schülerin kreuzt an, was er/sie kann. Zu diesem Zweck wird M 2.1 am Ende der vorhergehenden Unterrichtsstunde mit nach Hause gegeben. Die Kinder bringen dann für die folgende Unterrichtsstunde Dinge oder Bilder mit, die ihr **Können dokumentieren**, z.B. Judoanzug, Torwarthandschuhe, Tanzmusik, selbstgebasteltes Geschenk, das jemandem eine Freude gemacht hat, Zeitungsbericht über Abfallsammeln im Wald, Häkelarbeit, usw.

   Jedes Kind berichtet nun mit Hilfe des mitgebrachten Gegenstandes über sein Können.

   Fotos davon können in das **So-bin-ich-so-bist-du-Buch** eingeklebt werden.

2. Aus der Darstellung der vorhandenen Fähigkeiten kann ein Projekt entwickelt werden:

   Was wir alles können – was wir damit machen können, z.B.:

   Ein Fest planen, bei dem alle Kinder in irgendeiner Weise ihre Fähigkeiten einsetzen können (fächerübergreifend oder in der Projektwoche)

3. Eine **Kartei** von allen Schülern der Schule anlegen:

   Umfrage starten mit Hilfe von M 2.1.

   Auswerten und Stichwortkartei anlegen.
   Nützlich für Schulfeste und um sich gegenseitig etwas beizubringen oder zu helfen.

Ich kann was, was du nicht kannst

M 2.2

Ich sehe, was du kannst

Einer ist der Kopf.

Er _____

Eine ist die Hand.

Sie _____

Einer ist das Herz.

Es _____

Einer ist der Fuß.

Er _____

Eine ist …

Sie _____

Dienet einander, ein jeder mit der Gabe, die er empfangen hat!

Wer bist du?

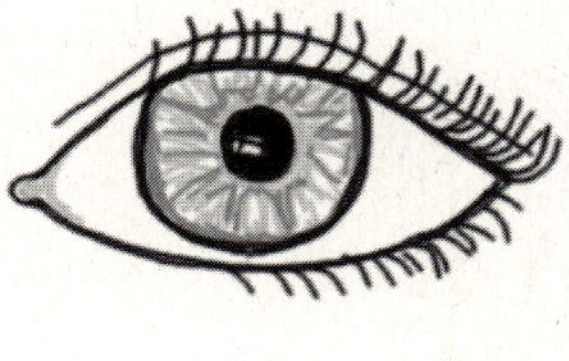

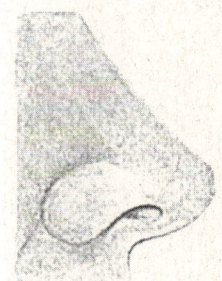

Ich sehe, was du kannst

L 2.2

Verwendungsmöglichkeiten von M 2.2:

1. Schreibe auf, was die einzelnen Organe tun!

Je nach Alter kann noch folgende Hilfestellung gegeben werden:

Kopf – denken, planen, organisieren, überschauen
Hand – anpacken, ausführen, streicheln, schlagen, führen, festhalten
Herz – pumpen, in Bewegung halten, antreiben
Fuß – gehen, rennen, auf dem Boden stehen, tragen ...

Übergreifender Unterricht mit dem Fach Sachkunde bzw. Biologie erscheint hier besonders sinnvoll. Die Schülerinnen und Schüler können Fachbücher und Lexika benutzen, um die einzelnen **Funktionen** herauszufinden.

2. Vergleiche mit M 2.1:

Peter kann gut **organisieren.**
Er ist der Kopf.
Rita **hält** die Leute **in Bewegung.**
Sie ist das Herz.
Klaus **packt** überall **an**, wo Hilfe nötig ist.
Er ist die Hand.
...
Wir gehören zusammen.

3. Was passiert, **wenn ein Körperteil fehlt?**

Gespräch, evtl. angeregt durch Fotos oder
Dias von Behinderten.
Wenn einer keine Beine hat,...
Wenn einer keine Arme hat,...
Wenn einer nicht hören kann,...
Behinderte Menschen brauchen Hilfe, auch wir
können nicht allein alles.
Wir brauchen uns gegenseitig.

Ich brauche dich

M 3.1

Ich bin lahm

Ich kann mich nicht bewegen.
Ich kann keinen Finger rühren.
Ich kann keinen Schritt tun.
Ich kann mich nicht erheben.
Ich kann nicht auftreten.
Ich kann nichts in die Hand nehmen.
Ich kann nichts tragen.
Ich kann mich nicht beugen.
Ich kann nicht weglaufen.
Ich kann mich nicht umdrehen.
Ich kann nicht.

Ich kann gehen

Ich kann mich bewegen.
Ich kann meine Finger ins Spiel bringen.
Ich kann eigene Schritte tun.
Ich kann mich erheben.
Ich kann auftreten.
Ich kann Dinge in die Hand nehmen.
Ich kann etwas tragen.
Ich kann mich beugen.
Ich kann weglaufen.
Ich kann mich umdrehen.
Ich kann.

**Blinde sehen, Lahme gehen, Aussätzige werden gesund, Taube hören,
Tote stehen auf, und den Armen wird die gute Nachricht verkündet.**

Ich bin tot

Ich denke nicht.
Ich fühle nicht.
Ich weiß nichts.
Ich bewege nichts.
Ich liege im Dunkeln.
Ich bin kalt.
Ich bin starr.
Ich sehe keine Sonne.
Ich bin in einem tiefen Loch.
Die anderen haben sich von mir verabschiedet.
Ich bin allein.
Ich bin tot.

Ich stehe auf von den Toten

Ich spüre meinen Schmerz.
Ich fühle die Kälte.
Ich weiß um meine Einsamkeit.
Ich merke, daß ich im Dunkeln liege.
Ich sehne mich nach Wärme.
Ich möchte beweglich sein.
Da sehe ich ein Licht.
Ich komme aus dem tiefen Loch.
Die anderen begrüßen mich voll Freude:
„Er war tot, doch er ist wieder lebendig geworden!" sagen sie.
Ich lebe.

Ich brauche dich

L 3.1

Verwendungsmöglichkeiten von M 3.1:

1. Schülerinnen und Schüler machen sich durch das Überstülpen von Papprollen über die Ellbogen- und Kniegelenke **bewegungsunfähig**. Sie erfahren, was der Text in M 3.1 beschreibt.

    Der **Text** wird **im Kreis** mit den Schülern gelesen, jeder liest einen Satz.

2. Bevor der Text „Ich kann gehen" gemeinsam gelesen wird, gehen die Schülerinnen und Schüler so durch den Raum, als hätten sie die Papprollen noch an den Gelenken. Die Lehrerin/der Lehrer klopft den gleichmäßigen Takt beim Gehen. Wenn der Takt sich verändert, beginnen die Kinder ihre Gelenke zu gebrauchen. Sie **„lernen" gehen** und sich bewegen.

3. Die Kinder liegen **still und bewegungslos auf dem Boden** (Decken!). Die Lehrerin/der Lehrer liest den Text **„Ich bin tot"**.

Der Text wird mit gleichförmiger Stimme und großen Pausen gelesen. Hinter jedem Satz erfolgt ein dumpfklingender Ton auf der Trommel oder einem anderen Instrument.

Nach einer Pause von 1 bis 2 Minuten **muß** die folgende Übung anschließen:

Die Lehrerin/der Lehrer liest Satz für Satz den Text **„Ich stehe auf von den Toten"**.

Sie/er macht hinter jeden Satz eine Pause und setzt verschiedene **Instrumente** ein, um die Sätze in ihrer Aussagekraft zu verstärken.

Bei dem Satz „Da sehe ich ein Licht" zündet sie/er eine **Kerze** an, die sie auf den Boden in die Mitte des Raumes stellt. Sie/er geht im Raum umher und faßt die Kinder nacheinander bei der Hand und **führt sie zum Licht**.

Zum Schluß sitzen alle im Kreis um die Kerze und begrüßen sich: **Schön, daß du lebst**.

Anmerkung: Die Übung Nr. 3 sollte nur von Pädagogen durchgeführt werden, die mit ähnlichen Übungen Erfahrungen gesammelt haben. Zweckmäßigerweise sollte die Übung in der Turnhalle stattfinden, damit alle Kinder genug Platz zum Liegen haben und das Gefühl der Einsamkeit erlebt werden kann. Es ist wichtig, daß den Kindern zum Schluß Gelegenheit gegeben wird, sich zu dieser Übung zu äußern.

Ich brauche dich

Taub und stumm sein

Ich höre nichts, wenn du etwas sagst.
Ich höre nicht, wenn du schreist.
Ich höre nicht, wenn du mich warnst.
Ich höre nicht, wenn du mir zärtlich etwas ins Ohr flüsterst.
Ich höre nicht, daß du es bist.
Ich höre deine Schritte nicht.
Ich höre nicht das schrille Geräusch der Düsenjäger
und das unerträgliche Rattern des Preßlufthammers.
Ich höre nicht, wenn einer die Tür zuknallt und mit
dem Fuß aufstampft.
Ich höre nicht.
Ich sage nichts.
Kein liebendes Wort sage ich zu dir.
Ich rede nicht mit dir.
Ich sage dir nicht die Meinung.
Ich sage nicht, was ich will.
Ich sage nicht nein und nicht ja.
Ich säusele dir keine Zärtlichkeiten ins Ohr.
Ich brülle dich nicht an.
Ich schweige und
behalte alles für mich.

Hören und reden

Ich höre.
Ich höre auf.
Ich höre auf dich.
Ich höre, was du sagst.
Ich höre dir zu.
Ich höre dich an.
Ich höre mich reden.
Ich höre, wie andere über mich reden.
Ich höre, was andere mir zu sagen haben.
Ich höre, was ich nicht hören will.
Ich höre Unerhörtes.
Ich höre, was du nicht sagst.

Ich sage, was du nicht hören sollst.
Ich erzähle dir, was mich bedrückt.
Ich teile dir mit, was mich freut.
Ich brülle meine Wut hinaus.
Ich rede mir meinen Frust von der Seele.
Ich flüstere dir Liebkosungen ins Ohr.
Ich sage dir, wo der Hammer hängt.
Ich befehle dir, was du zu tun hast.
Ich rede dir ein Ohr ab.
Ich schwalle dummes Zeug.
Ich rede.

Ich brauche dich

L 3.2

Verwendungsmöglichkeiten von M 3.2:

Bezug: Bibeltext Mk. 7, 31–37, Jesus heilt einen Taubstummen

1. Der **Text** „Taub und stumm sein" wird zur Einstimmung auf das Thema vorgelesen, während die Kinder im **Kreis** sitzen. Anschließend teilen die Schülerinnen und Schüler ihre **Erlebnisse** – falls vorhanden – mit Taubstummen mit. Bei älteren Kindern kann der Song von Herbert Grönemeyer „Ich mag Musik nur, wenn sie laut ist" eingesetzt werden. Weiterer Hinweis: Kinofilm „Gottes vergessene Kinder" (ab Kl. 6).

Fortführung:

Die Hälfte der Kinder **verstopft sich die Ohren mit Ohropax** und **verklebt sich den Mund mit Pflaster** (Seidenpflaster verwenden!). Die andere Hälfte wird den „Taubstummen" zugeordnet, so daß jede(r) einen Partner hat.
Jedes Paar bekommt nun eine **Liste mit Arbeitsaufträgen**, die der/die Taubstumme mit Hilfe des Partners/der Partnerin ausführen soll.

Beispiel: Trage eine Schüssel mit Wasser an das andere Ende des Klassenraumes/der Turnhalle!

Streichle Peter über die Wange!

Gib Andrea die Hand!

Anschließend wechseln sich die beiden Partner ab.

2. Die Schülerinnen und Schüler sitzen im **Halbkreis um die Tafel**. Die Tafel ist in zwei Hälften unterteilt. Die beiden Hälften tragen die Überschriften **„hören"** und **„reden"**. Die Kinder äußern spontan, was ihnen dazu einfällt und schreiben es an die Tafel.

Danach erhalten die Schülerinnen und Schüler M 3.2 und lesen satzweise den Text **„Hören und reden"** reihum. Die Lehrerin/der Lehrer liest den Text noch einmal im Zusammenhang vor. Es findet ein **Kreisgespräch** statt. Die Kinder erhalten den Auftrag, mit Hilfe der Sammlung an der Tafel einen ähnlichen Text, der ihre **eigenen Erfahrungen** beinhaltet, aufzuschreiben.

Hier der Text eines Jungen aus der 4. Klasse:

Manchmal höre ich nicht zu.
Ich will nicht hören, was meine Mutter mir sagt.
Meistens höre ich nicht auf, meinen Bruder zu ärgern. Manchmal höre ich etwas, was ich nicht hören will. Dann höre ich einfach weg. Wenn andere über mich reden, höre ich einfach weg. Aber ich höre zu, wenn du mir etwas Nettes sagst. Das höre ich gern. Dann sage ich zu dir: „Schön, daß du da bist."

Jan, 9 Jahre

Ich brauche dich

M 3.3

Blind sein

Ich will nicht sehen,

- daß Steffi heute so verschlafen aussieht.
- daß Jan seinen Puli verkehrtherum anhat.
- daß Oli einen Schokoladenmund hat.
- daß Eva heute so traurig guckt.
- daß Manuel beleidigt ist.
- daß Daniel humpelt.

Sehen

Ich sehe,

- daß Steffi heute so verschlafen aussieht.
- daß Jan seinen Puli verkehrtherum anhat.
- daß Oli einen Schokoladenmund hat.
- daß Eva heute so traurig guckt.
- daß Manuel beleidigt ist.
- daß Daniel humpelt.

Was soll ich für dich tun?
fragte Jesus den Blinden.

Herr, ich möchte sehen können,
antwortete dieser.

Nachfragen

Ich frage:

- Steffi, warum siehst du heute so verschlafen aus?

- Jan, wie kommt es, daß du deinen Pulli verkehrtherum anhast?

- Oli, du hast es heute morgen wohl sehr eilig gehabt, weil du noch einen Schokoladenmund hast?

- Eva, gibt es einen Grund, daß du heute so traurig aussiehst?

- Manuel, hat dich jemand beleidigt? Du guckst heute so.

- Daniel, was ist mit deinem Bein passiert?

Ich brauche dich

L 3.3 a

Verwendungsmöglichkeiten von M 3.3:

Bezug: Bibeltext: Mk. 10, 46–52, Jesus heilt einen Blinden

Der Text soll als **Anregung für eigene Wahrnehmungen** innerhalb der Klasse/Gruppe dienen.

Von Vorteil ist es, wenn schon andere Wahrnehmungsübungen gemacht wurden, z.B.: Personenraten*, Ich seh' etwas, was du nicht siehst**, Veränderung*** o.ä.

Bei der Beschreibung eigener Wahrnehmungen sollte die vorgegebene Form als Hilfe eingehalten werden. Die Lehrerin/der Lehrer sollte darauf hinweisen, daß nur Dinge oder Gefühlszustände benannt werden sollten, die tatsächlich sichtbar sind, also nicht:

Ich sehe, daß Otto heute so aggressiv ist,
sondern:

Ich sehe, daß Otto heute schon die ganze Zeit die Faust ballt.

Zunächst werden alle Beobachtungen kommentarlos im **Kreis** geäußert. Anschließend können sich Pärchen bilden, die sich gern über die gemachte Aussage austauschen möchten. Kinder, die damit nichts anzufangen wissen, lesen den **Text Mk. 10, 46–52: Jesus heilt einen Blinden** und versuchen, ihn szenisch darzustellen. Sie bekommen folgendes **Arbeitsblatt:**

> Lest den Text Mk. 10, 46–52!
>
> Erzählt euch die Geschichte gegenseitig!
> Macht ein Spiel aus der Geschichte!
> Dazu müßt ihr folgendes festlegen:
> – Welche Rollen gibt es? (Ihr könnt Euch welche dazu erfinden!)
> – Welche Verkleidung/Schminke wird gebraucht?
> – **Wer** sagt **was**? Schreibt die Texte auf!
>
> Übt die Szene, bis ihr sie auswendig vortragen könnt!

Zum Schluß wird die Szene in den verschiedenen Ausarbeitungen **vorgetragen,** und die Kinder, die sich miteinander unterhalten hatten, berichten von ihren Gesprächen.

Ich brauche Dich

L 3.3 b

* Personenraten

Die Kinder schreiben detaillierte Beobachtungen über eine(n) Klassenkameraden/-kameradin auf, ohne daß diese(r) merkt, daß er/sie beobachtet wird. Beispiel:

Gesucht wird jemand mit blondem Haar, blauen Augen, einem Leberfleck über der rechten Augenbraue, ... Die Klasse wird in zwei Gruppen eingeteilt. Welcher Gruppe gelingt es, mit den wenigsten Hinweisen die meisten Personen zu raten?

** Ich seh' etwas, was du nicht siehst, das hat die Farbe grün. Es dürfen alle Gegenstände im Klassenraum geraten werden.

*** Veränderung

Eine(r) verläßt den Raum, die anderen sprechen leise ab, was sie innerhalb des Kreises, in dem sie sitzen, verändern wollen, z.B. Schnürsenkel aufbinden, Knöpfe an der Bluse falsch zuknöpfen, Strich auf die Wange malen ...

Ich bin blind

Eine(r) sitzt mit verbundenen Augen auf einem Platz etwas außerhalb des Unterrichtsgeschehens. Die anderen machen Partner- oder Gruppenarbeit, unterhalten sich, laufen im Klassenraum umher. Der/die Blinde sitzt etwa 10 Minuten still da und beteiligt sich nicht am Geschehen, wird auch von den anderen nicht einbezogen. Während einer Unterrichtsstunde (möglichst Doppelstunde) kann es mehrere „Blinde" geben, die anschließend von ihren Erfahrungen erzählen.

Ich brauche dich

L 3.3 c

Weitere Anregungen:

- **Tauschangebote** in der Schülerzeitung oder an der Pinwand:

  Ich kann dir beim Rechnen helfen.

  Ich brauche Hilfe beim Schwimmenlernen.

- **Hilfseinrichtungen besuchen**, z.B. Altersheim, Behinderteneinrichtung, Rotes Kreuz

- **Persönliche Kontakte** zu Menschen in Hilfseinrichtungen aufnehmen, z.B. Briefe schreiben, feste Besuchszeiten ausmachen, einmal jährlich etwas gemeinsam machen . . .

- **Eigene Hilfseinrichtungen** gründen, z.B. Hausaufgabenhilfe, Spielgruppe zur Integration ausländischer Kinder, Aktion Kinder helfen Alten und Kranken . . .

- **Sprechstunde** für Sorgen und Nöte an der Schule einrichten (getragen von Erwachsenen, Kinder als Berater)

- **Hilfsaktion** Basar für Krisengebiete

- **Patenschaften** für Schulneulinge, damit sie sich besser in der Schule zurechtfinden

- **Babysitting** für überlastete Mütter

- **Kontaktaufnahme** mit Asylbewerbern, evtl. unterstützt von Kirche / Gemeinde / Stadt

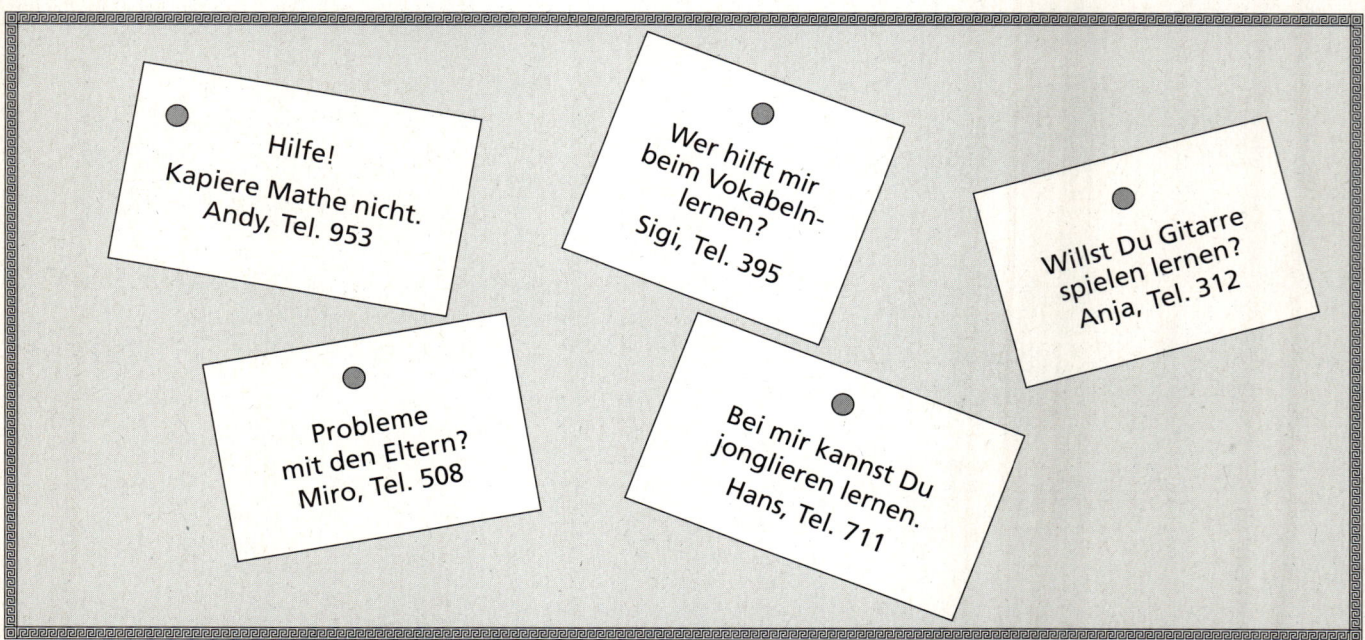

Schön, daß es dich gibt

M 4.1 a

_____,
es ist schön, daß es dich gibt.
Ohne dich wäre es in der
Schule langweilig.

_____,
ich bin froh, daß du da bist.
Wenn alle aufgeregt durcheinander-
schreien, bleibst du ruhig.

_____,
gut, daß du da bist.
Du kannst fast jeden Streit
schlichten.

_____,
ohne dich wäre es auf der Welt
nur halb so schön.
Du bist ein prima Kumpel!

_____,
ich freue mich immer,
wenn ich dich sehe,
weil du ein fröhliches Gesicht hast.

_____,
schön, daß du da bist,
ohne dich kämen viele Kinder
nicht mit ihren Aufgaben zurecht.

_____,
ein Glück, daß du bei uns
bist. Du kannst so schöne
Geschichten erzählen.

_____,
gut, daß es dich gibt.
Du bist mutig und stark
und beschützt die Kleinen.

_____,
prima, daß du so gut
Fußball spielen kannst.

_____,
toll, daß du da bist,
so schön wie du kann
niemand malen.

© Konkordia Verlag GmbH, 77815 Bühl

Schön, daß es dich gibt

M 4.1 b

_____,
super, daß du da bist.
Ohne dich würden uns
nur halb so viele Spiele einfallen.

_____,
stark, daß es dich gibt.
So gut wie du kennt sich niemand
mit Dinosauriern aus.

_____,
zum Glück gibt es dich.
Ich finde es gut, daß du
anderen etwas abgibst.

_____,
super, daß du da bist.
Dir fallen immer die besten
Streiche ein!

Schön, daß es dich gibt

L 4.1

Bezug:

Kindersegnung, Mark. 10, 13–16
Gleichnis vom verlorenen Schaf, Matt. 18, 10–14

Verwendungsmöglichkeiten von M 4.1a/b:

1. Klasse: Lehrer/Lehrerin schreibt Namen in die einzelnen Kärtchen und verteilt sie an die einzelnen Kinder. **Ritual** „Segnung".

Ältere Kinder, Jugendliche, Erwachsene:
Sie wählen selbst aus, wem sie welches Kärtchen geben wollen, denken sich ggf. selbst Texte aus und schreiben sie auf. Anregung, um miteinander intensiver ins **Gespräch** zu kommen.

Weitere Anregungen:

Schattenbild von dem Kopf eines jeden Kindes zeichnen (Diaprojektor), ausschneiden. Auf die eine Seite des Kopfes schreibt jeder etwas über sich selbst, auf die andere Seite schreibt ein anderer etwas über ihn. Vorlesen und Auswertung im Kreisgespräch (freiwillig!). Gemeinsam **Abendmahl** feiern, die positiven Äußerungen über den anderen mit einbringen, z.B.: Ich freue mich, daß es dich gibt. Wenn ich traurig bin, kannst du mich aufheitern. Dabei werden Brot bzw. Traubensaft weitergereicht.

Ich liebe mich, ich liebe dich

M 5.1

Was stimmt?

Wenn dich einer verhaut, **hau zurück**! Laß dir nichts gefallen!

Nachgeben ist **SCHWÄCHE**!

Der **Klügere** gibt nach!

Du mußt auf deinem **Recht** bestehen!

Wenn dir einer auf die linke Wange schlägt, dann halt auch noch die rechte hin!

Nur wer sich **durchsetzt**, wird gewinnen!

Gehe sanft, geduldig und freundlich mit anderen um!

Wie du mir, so ich dir!

Gewalt erzeugt Gegengewalt.

Auf die Dauer hilft nur **POWER**!

Man muß dem anderen zeigen, wo der **Hammer** hängt.

Wie man in den Wald ruft, so schallt es zurück.

Ich liebe mich, ich liebe dich

L 5.1

Verwendungsmöglichkeiten von M 5.1:

1. Die Schülerinnen/Schüler sollen den Spruch **farbig kennzeichnen**, den sie richtig finden.

2. Sie sollen **sagen/aufschreiben**, wie sie zu dieser Überzeugung kommen.
   (z.B.: Das sagt mein Vater immer. / Das habe ich selbst gemerkt, als ... / Das weiß doch jeder!)

3. **Kreisgespräch:** Was stimmt?

Oder

Geschichten schreiben, die eine der Überschriften tragen. Hier ein Beispiel, das ein Mädchen, 4. Kl., geschrieben hat:

Wie du mir, so ich dir

Meine beste Freundin hat sich letzte Woche mit Kerstin verabredet, ohne mir davon etwas zu sagen. Das fand ich ganz schön gemein. Ich wollte eigentlich mit ihr spielen. Als sie mit Kerstin zusammen war, habe ich den ganzen Tag in meinem Zimmer gesessen und mich gelangweilt. Nächstesmal verabrede ich mich auch mit jemand anderem, dann weiß sie mal, wie das ist.

Gisela, 9 Jahre

Anschließend kann ein **Rollenspiel** inszeniert werden, in dem Gisela ihrer besten Freundin ihren Ärger mitteilt und die Freundin dazu Stellung nehmen kann. Es sollen die verschiedenen Aspekte des Verhaltens deutlich werden. Sie sollen nebeneinander stehenbleiben.

Ich liebe mich, ich liebe dich

M 5.2

Die zehn Gebote nach 2. Mos. 20

Ich liebe mich,

deshalb höre ich auf den Gott, der mich von meiner Abhängigkeit freigemacht hat.

Ich liebe mich,

deshalb habe ich keine feste Vorstellung von Gott und weiß, daß ich ihn nicht wie auf einem Foto festhalten kann.

Ich liebe mich,

deshalb werde ich versuchen, mir darüber im klaren zu sein, was ich mit dem Namen Gottes verbinde.

Ich liebe mich,

deshalb werde ich mir einen Tag der Ruhe gönnen, an dem ich nicht arbeite und Zeit zum Nachdenken habe.

Ich liebe mich,

deshalb werde ich gut zu meinen Eltern sein.

Ich liebe mich,

deshalb werde ich niemanden umbringen.

Ich liebe mich,

deshalb werde ich mich nicht an fremdem Eigentum vergreifen.

Ich liebe mich,

deshalb werde ich nichts Schlechtes über meine Mitmenschen reden.

Ich liebe mich,

deshalb werde ich mir nichts nehmen, was einem anderen gehört.

© Konkordia Verlag GmbH, 77815 Bühl

Ich liebe mich, ich liebe dich

L 5.2

Verwendungsmöglichkeiten von M 5.2:

1. Den Text **mit verteilten Rollen lesen:**

    alle: Ich liebe mich

    einer: deshalb ...

2. Anhand von zwei oder drei Beispielen herausfinden, was das Halten der Gebote mit **Eigenliebe** zu tun hat.

Beispiel 1:

Ich werde mir einen Tag der Ruhe gönnen.
Beschreibe, was passiert, wenn du dir keinen Ruhetag gönnst!

Beispiel 2:

Ich werde mich nicht an fremdem Eigentum vergreifen. Stellt spielerisch dar, was passieren kann, wenn jemand klaut!

Beispiel 3:

Ich werde nichts Schlechtes über meine Mitmenschen reden. Was passiert, wenn ich es doch tue? Schreibe auf!

Bildbetrachtung: „Das Gerücht"

3. Den Text **ins Gegenteil verkehren:**

    Ich hasse mich,
    deshalb höre ich nicht auf den Gott, der mich von meiner Abhängigkeit nicht freigemacht hat.
    ...

    Gespräch, Fazit: Die Gebote Gottes sind nicht als Zwänge zu verstehen. Sie helfen uns, uns selbst und andere zu lieben und zu akzeptieren.

Weitere Anregungen:

Zu den einzelnen Geboten Geschichten aus „Vorlesebuch Religion" vorlesen oder erzählen.

Ich liebe mich, ich liebe dich

M 5.3

Ich mag mich

Ich mag meinen Körper und bin gut zu ihm.
Ich pflege ihn und esse Dinge, die ihm gut bekommen.
Ich halte ihn in Form durch Bewegung und frische Luft.
Ich schlafe ausreichend und ruhe mich aus, wenn ich müde bin.
Ich überlege, mit welchen Dingen ich mich beschäftige, um mir nicht zu schaden.
Ich versorge meine Wunden, wenn ich mir wehgetan habe.
Wenn ich krank bin, tue ich alles, um wieder gesund zu werden.
Ich nehme mir jeden Tag Zeit für mich.
Ich höre in mich hinein und betrachte meine inneren Bilder.
So finde ich heraus, was ich brauche und was mir guttut.

Wenn ich dir begegne, merke ich:

Ich mag dich.

© Konkordia Verlag GmbH, 77815 Bühl

Ich liebe mich, ich liebe dich

L 5.3 a

Bezug: 3. Mos. 19, 18

Liebe deinen Mitmenschen wie dich selbst.

Verwendungsmöglichkeiten von M 5.3:

1. Überlege bei jeder Zeile, ob das für dich zutrifft!
   Verändere den Text so, wie er für dich stimmt!

Beispiel eines Jungen, 6. Klasse:

> Manchmal mag ich mich nicht. Ich kann meine großen Ohren nicht leiden und die Pickel in meinem Gesicht.
>
> Dann drück' ich sie aus, und es sieht noch schlimmer aus. Ich habe keine Lust, mein Taschengeld für Pickelcreme auszugeben. Dann lauf' ich eben **so** rum. Am liebsten esse ich Schokolade, Pommes und Chips, obwohl ich weiß, daß das alles ungesund ist.
>
> Ab und zu kann ich mich dazu aufraffen, Fahrrad zu fahren, aber meistens hänge ich vor der Glotze oder vor dem Computer.
>
> Wenn abends noch ein guter Film läuft, ist es mir egal, wie spät es ist. Dann bin ich eben am nächsten Morgen müde, na und?
>
> Ich mache das, wozu ich grade Bock habe, da überleg' ich nicht lange.
>
> Als ich mir neulich bei der Kerb das Knie beim Autoscooterfahren aufgerissen hatte und es ganz schön blutete, fanden die Mädchen das cool, daß ich nicht gleich nach Hause gerannt bin.
>
> Manchmal find' ich es richtig geil, krank zu sein, zu Hause abzuhängen. Meine Mutter macht dann alles für mich, sonst muß ich alles selber machen. Kranksein find' ich gut!
>
> In mich hineinhören, meine inneren Bilder betrachten? Versteh' ich nicht. Soll ich vielleicht darauf hören, wie mein Darm gluckert? Oder soll ich mir vorstellen, wie ich als Skelett aussehe?
>
> Meistens weiß ich überhaupt nicht, was ich brauche und was mir guttut. Manchmal denke ich, ich brauche unbedingt das neue Computerspiel oder so einen abgefahrenen Hockeyschläger. Dann tu' ich alles, bis ich es habe. Aber ich weiß schon, wie das ausgeht…

Ich liebe mich, ich liebe dich

L 5.3 b

2. Eine(r) liest den Text Zeile für Zeile. Die/der andere stellt **pantomimisch** dar. (Vorübungen erforderlich!)

3. Den Text **ins Gegenteil verkehren**:
   Ich mag mich nicht
   …

4. Den Text **auf den anderen beziehen**:
   Ich mag dich
   …

5. Unterstreiche im Text die Zeile, die dir **am wichtigsten** erscheint!
   Was willst du dir für die kommende Woche vornehmen, um liebevoller mit dir umzugehen?

Weitere Anregungen:

Wir stellen einen Stuhl in die Mitte des Sitzkreises. Jedes Kind, das **etwas Positives über ein anderes Kind sagen** will, setzt sich auf den Stuhl und sagt z.B.:

Ich mag an dir, daß es dir leichtfällt, deine Sachen mit anderen zu teilen.

Die anderen Kinder dürfen dazu keinen Kommentar abgeben.

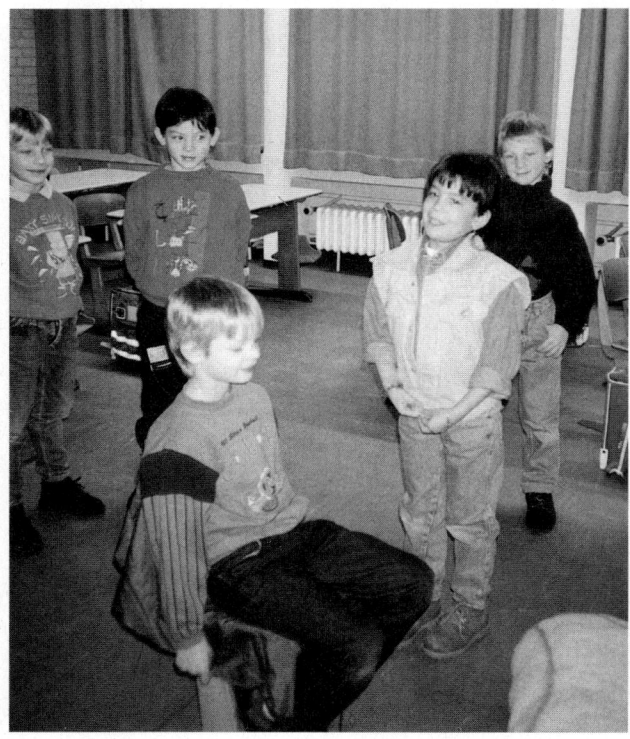

Ich liebe mich, ich liebe dich

M 5.4

Das Beispiel des barmherzigen Samariters
(Lk. 10, 25–37)

Ein Mann ging von Jerusalem nach Jericho.

Unterwegs überfielen ihn die Räuber. Sie rissen ihm die Kleider vom Leib, schlugen ihn zusammen und ließen ihn halbtot liegen.

Nun kam zufällig ein Priester denselben Weg. Er sah den Mann liegen, machte einen Bogen um ihn und ging vorbei.

Schließlich kam ein Mann aus Samarien. Als er den Überfallenen sah, hatte er Mitleid. Er ging zu ihm hin, behandelte seine Wunden mit Öl und Wein und machte ihm einen Verband. Dann setzte er ihn auf sein eigenes Reittier und brachte ihn in das nächste Gasthaus, wo er sich um ihn kümmerte. Am anderen Tag gab er dem Wirt zwei Silberstücke und sagte: „Pflege ihn! Wenn du noch mehr brauchst, will ich es dir bezahlen, wenn ich zurückkomme."

„Was meinst du?" fragte Jesus. „Wer von den beiden hat an dem Überfallenen als Mitmensch gehandelt?"

Ich liebe mich, ich liebe dich

L 5.4

Verwendungsmöglichkeiten von M 5.4:

1. Die Geschichte in die vorgesehenen Kästchen **malen** lassen.

2. Die Bilder als Vorbereitung auf ein **Rollenspiel** betrachten.
   - Welche Personen sind beteiligt?
   - Orte der Handlung.
   - Text für die einzelnen Personen.

3. Die Bilderkästchen ausschneiden und einen eigenen **Text dazu erfinden**, z.B.:

> Ein Junge ging von der Schule nach Hause.
>
> Unterwegs überfielen ihn ein paar Jugendliche und verlangten sein Taschengeld. Sie rissen ihm die Kleider vom Leib, schlugen ihn zusammen und ließen ihn halbtot liegen.
> Nun kam zufällig ein angesehener Mann aus dem Dorf denselben Weg. Er sah den Jungen liegen, machte einen Bogen um ihn und ging vorbei.
> Schließlich kam ein Asylbewerber vorbei. Als er den Überfallenen sah, hatte er Mitleid. Er ging zu ihm hin, machte seine Wunden sauber und brachte ihn zum DRK. Jeden Tag fragte er nach dem Jungen und besuchte ihn im Krankenhaus.

Weitere Anregungen:

Zeitungsbericht über Überfall mitbringen.
Beispiel:

> Am 2.10.94 überfielen drei Skinheads in der Bahnhofstraße einen Behinderten. Obwohl der junge Mann, der stark gehbehindert ist, laut um Hilfe schrie, schien ihn niemand zu bemerken. Die Skinheads nahmen seine Brieftasche mit 150 DM und seine Lederjacke mit. Der Behinderte erlitt schwere Verletzungen im Gesicht und hat starke Prellungen davongetragen. Die Skinheads wurden beobachtet, wie sie in einen Zug Richtung Kahl stiegen.

DRK besuchen oder sich über die Arbeit informieren.
Schulhofdienst einrichten. Wo braucht jemand Hilfe?

Ich liebe mich, ich liebe dich

M 5.5

Mir doch egal?

Das ist **mir** doch egal, wenn Olga so doof ist und über meinen Ranzen fliegt! Der steht schon immer hier auf diesem Platz.

Kann **ich** doch nichts dazu, daß mein Meerschweinchen verhungert ist. Ich hatte ja auch noch andere Sachen zu tun, als mich nur um dieses Vieh zu kümmern!

Ist doch nicht **meine** Sache, wenn nichts mehr zu trinken im Haus ist. Ich kann mich schließlich nicht um alles kümmern!

Das ist doch nicht **mein** Problem, wenn Anna die Matheaufgaben nicht rafft. Ich bin doch nicht ihr Babysitter!

Ich kann auch nichts dafür, daß Opa nicht mehr richtig laufen kann. Muß er eben den ganzen Tag am Fenster sitzen. Ich habe wirklich keine Lust, ihn ständig mit dem Rollstuhl durch die Gegend zu schieben.

Was hab' **ich** denn damit zu tun, daß der Müllberg ständig größer wird? Sollen sich doch die Erwachsenen und die Politiker darüber den Kopf zerbrechen, wie sie das Umweltproblem in den Griff kriegen!

„Adieu", sagte der Fuchs. „Hier mein Geheimnis. Es ist ganz einfach: man sieht nur mit dem Herzen gut. Das Wesentliche ist für die Augen unsichtbar."
„Das Wesentliche ist für die Augen unsichtbar", wiederholte der kleine Prinz, um es sich zu merken.
„... Du bist zeitlebens für das **verantwortlich**, was du dir **vertraut** gemacht hast ..."

(Aus: Der kleine Prinz, Antoine de Saint-Exupéry)

Ich liebe mich, ich liebe dich

L 5.5

Verwendungsmöglichkeiten von M 5.5:

1. Eine **Rahmengeschichte** zu den einzelnen Aussagen ausdenken, z.B.:

> Olga blutet. Sie ist mit den Zähnen auf einen Schultisch geschlagen, weil sie über Nicos Ranzen gestolpert war. Nicos Ranzen stand auf dem Boden, wie immer. „Nico", sagt die Lehrerin, „ich denke, du solltest dich bei Olga entschuldigen!"
> „Das ist mir doch egal, ..." antwortet Nico.

2. Die einzelnen **Geschichten spielen**.

3. Die Aussagen **verändern**, z.B.:

> Das ist mir nicht egal.
> - Es ist mir nicht egal, wenn Olga über meinen Ranzen fliegt. Ich weiß, daß ich ihn nicht so in den Weg stellen soll. Es tut mir leid, Olga!
> - Ich bin schuld daran, daß mein Meerschweinchen verhungert ist. Ich wollte es erst haben und dann hatte ich keine Lust mehr, mich darum zu kümmern. Ich weine um dich, Meerschweinchen!
> - Ich kann mich nicht um alles kümmern, aber ich hätte Getränke holen können. Tut mir leid, daß ich es nicht gemacht habe.

Weitere Anregungen:

> Überlege, für wen oder was du die Verantwortung trägst! Schreibe auf! Worum willst du dich in nächster Zeit besonders kümmern?

Die Geschichte von **Kain und Abel**
„Soll ich meines Bruder Hüter sein?"

Aktion „Verantwortung". Die Klasse 4b erklärt sich verantwortlich für die Klasse 1b. Jedes Kind will sich **besonders um ein anderes Kind der 1. Klasse kümmern**. (Genau festlegen, was „kümmern" bedeutet!)

Ich liebe mich, ich liebe dich

M 5.6

Die goldene Regel (Mt. 7, 12)

Behandelt die Menschen, so wie ihr selbst von ihnen behandelt werden wollt.

Das ist himmlisch

Du bist für mich da, wenn ich dich brauche.

Du hilfst mir, wenn ich allein nicht weiterweiß.

Du tröstest mich, wenn ich traurig bin.

Du stehst mir bei, wenn ich Angst habe.

Du hältst zu mir, wenn alle anderen mich verlachen.

Du teilst mit mir dein Brot.

Du gibst mir, was ich brauche.

Du läßt mir den Vortritt.

Du verzeihst mir alles.

Du bist freundlich und geduldig.

Du versuchst immer mich zu verstehen.

Du sagst mir jeden Tag etwas Nettes.

Du beschützt mich, wenn es sein muß.

Du sagst mir freundlich die Wahrheit, auch wenn sie unangenehm ist.

Du gönnst mir auch Dinge, die du selbst nicht hast.

Du redest bei anderen nur gut über mich.

Ich liebe mich, ich liebe dich

L 5.6

Verwendungsmöglichkeiten von M 5.6:

1. Den **Text mit verteilten Rollen lesen**.
2. Den Text in die **Ich-Form** umwandeln:

> Ich bin für dich da, wenn du mich brauchst.
> Ich helfe dir, wenn du allein nicht weiterweißt.
> Ich tröste dich, wenn du traurig bist.
> Ich stehe dir bei, wenn du Angst hast.
> Ich halte zu dir, wenn alle anderen dich verlachen.
> Ich teile mit dir mein Brot.
> Ich gebe dir, was du brauchst.
> Ich lasse dir den Vortritt.
> Ich verzeihe dir alles.
> Ich bin freundlich und geduldig.
> Ich versuche immer, dich zu verstehen.
> Ich sage dir jeden Tag etwas Nettes.
> Ich beschütze dich, wenn es sein muß.
> Ich sage dir freundlich die Wahrheit, auch wenn sie unangenehm ist.
> Ich gönne dir auch Dinge, die ich selbst nicht habe.
> Ich rede bei anderen nur gut über dich.

3. Die Schülerinnen und Schüler sitzen im **Kreis**. Nacheinander gehen einzelne aufeinander zu und sagen sich jeweils einen Satz aus einem der beiden Texte, z.B.:

Julia, ich helfe dir, wenn du allein nicht weiterweißt.

Daniel, du bist freundlich und geduldig.

Der Satz kann auch vorher auf ein schön verziertes **Kärtchen** geschrieben und überreicht werden. Für jeden gesagten Satz wird eine **Kerze** angezündet. Im Hintergrund kann leise **Meditationsmusik** laufen.

Weitere Anregungen:

Ein kleines **Büchlein mit Fotos** über und für eine(n) Mitschüler(in) zusammenstellen, z.B.:

Seite 1: *Das ist Benjamin.*
Seite 2: *Benni ist ein prima Kumpel. Wenn er etwas verspricht, dann hält er es.*
Seite 3: *Benni ist ein fairer Fußballspieler. Er achtet auch die Schwächeren. ...*

Manche Kinder brauchen dazu noch eine Hilfestellung. Sie sollen zuerst aufschreiben, was ihnen alles Gutes zu dem andern Kind einfällt. Die Lehrerin/der Lehrer hilft dann beim Strukturieren.

Manchmal verstehe ich dich nicht

Enttäuscht

An diesem Tag hatte sich Tine auf die Schule gefreut. Sie hatte endlich die neue Jeans und das tolle Sweatshirt bekommen. Die anderen würden Augen machen!

Stolz, mit erhobenem Kopf ging Tine auf ihre Klassenkameradinnen und Klassenkameraden zu.

Erwartungsvoll blickte sie in die Runde.

„Hallo, Tine", begrüßte sie ihre beste Freundin Verena. „Hallo, Verena", sagte Tine und stellte sich so hin, daß die neuen Sachen nicht zu übersehen waren.

Aber niemand sagte etwas, auch nicht die Lehrerin. Manchmal sagte sie zu einem Kind: „Na, heute bist du aber besonders schick." Aber zu Tine sagte sie nichts, auch nicht, als Tine sich extra beim Rausgehen in die Pause vor sie hinstellte. „Komm, Tine, trödle nicht", sagte sie nur, „die Pause ist gleich wieder um."

In der Pause wollte Tine nicht mit den anderen Fangen spielen, weil es geregnet hatte, und sie ihre schönen neuen Sachen nicht schmutzig machen wollte.

„Tine, sei nicht so lahm, mach mit!" rief ihre Freundin im Vorbeiflitzen. „Nö", sagte Tine, „keine Lust." Sie ärgerte sich, daß die neue Jeans schon ganz vom Regenwasser verspritzt war. Und dann rutschte ihr auch noch die Tomatenscheibe vom Brot, direkt auf das weiße Sweatshirt. Ein dicker roter Fleck prangte darauf.

Als Tine nach Hause kam, empfing sie die Mutter mit den Worten: „Tine, du hast ja deine neuen Sachen schon total ruiniert. Wie ein kleines Kind, kannst du nicht aufpassen?"

Wortlos warf Tine ihren Schulranzen in die Ecke und verschwand in ihrem Zimmer.

Manchmal verstehe ich dich nicht

L 6.1

Verwendungsmöglichkeiten von M 6.1:

1. **Fragen zum Text**

    – Was erwartet Tine, als sie mit ihren neuen Sachen in die Schule kommt?
    – Von welchen Personen ist Tine enttäuscht?
    – Schreibe auf, wie die Geschichte weitergehen könnte!

2. *Am Abend hört Tine, wie die Mutter mit dem Vater redet.*
    „Tine ist heute aus der Schule gekommen und ohne Mittagessen gleich in ihrem Zimmer verschwunden", sagt sie.
    „Ich habe nur ein wenig mit ihr geschimpft, weil sie nicht auf die neuen Sachen aufgepaßt hat." Der Vater klopft an Tines Zimmertür.

    Denkt euch aus, was die beiden miteinander reden.
    Führt es in einem **Rollenspiel** vor!

3. Tine teilt den anderen ihre **Enttäuschung** mit:

    a) ihrer Freundin Verena
    b) ihrer Lehrerin
    c) ihrer Mutter
    d) ihrem Vater

    z.B.:

    a) Du, Verena, hast du eigentlich nicht bemerkt, daß ich heute meine tollen neuen Sachen anhatte? Ich bin ganz schön enttäuscht, daß du das nicht gemerkt hast!

    . . .

    Aufschreiben, dann als **Rollenspiel** vortragen.

Manchmal verstehe ich dich nicht

M 6.2

Streitgespräche

Peter und Anna streiten sich

So

Peter: Heute machst du aber die Hamsterkäfige sauber. Ich habe sie jetzt schon zweimal sauber gemacht. Du bist stinkfaul!

Anna: Überhaupt nicht wahr! Ich bin nicht faul, ich habe gestern erst für dich Getränke geholt, weil du zu bequem warst.

Peter: Ich und bequem, du dumme Gans, du weißt ganz genau, daß ich nicht gehen konnte, weil mich eine Wespe in den Fuß gestochen hatte.

Anna: Ja, ja, immer wenn du was machen sollst, dann legst du dir irgendeine Krankheit zu, du Schauspieler.

Peter: Sag das nochmal, du kleine Hexe...

Peter rennt Anna nach und will ihr eine knallen. Anna flüchtet quer über die Wohnzimmereinrichtung. In diesem Moment steht Vater in der Tür.

oder

so?

Peter: Anna, du bist dran mit Hamsterkäfige saubermachen. Ich mach' sie heute nicht schon wieder sauber. Ich hab' mich letztesmal schon drüber geärgert, daß du es nicht gemacht hast.

Anna: Ich habe es nicht gemacht, weil ich statt dessen für dich Getränke geholt habe.

Peter: Ach so, dann sind wir ja quitt. Das heißt: ich konnte keine Getränke holen, weil mich eine Wespe in den Fuß gestochen hatte. Und als dir neulich schlecht war, habe ich auch deine Pflichten übernommen.

Anna: Ja, aber du bist sowieso viel öfters krank, und dann muß ich immer die Sachen für dich miterledigen. Das find' ich gemein.

Peter: Wir können ja überlegen, wie wir das gerechter aufteilen können.

Anna: Ja, ich hab' schon eine Idee.

Manchmal verstehe ich dich nicht

L 6.2

Verwendungsmöglichkeiten von M 6.2:

1. Die Kinder bekommen nur den ersten **Text**. Sie lesen ihn jede(r) für sich durch und danach mit verteilten Rollen laut vor.

2. Die **Geschichte weiterspinnen**:

    Was sagt/macht der Vater?

    Wie endet die Geschichte?

    Aufschreiben und vorspielen

    oder: eine **Bildergeschichte** zeichnen lassen.

3. **Gespräch** über die Geschichte:
    - Sachverhalte klären: Was ist passiert?
    - Genau nachschauen, welche Botschaften bei dem Gespräch gesendet werden: Unterstellung, Anschuldigung, Verteidigung, Unterstellung, Vorurteil, Drohung.
    - Worum ging es eigentlich?
      Peter hatte letztesmal die Hamsterkäfige saubergemacht und wollte, daß Anna es diesmal machen sollte.

4. Wie könnte Peter sein Anliegen so an Anna herantragen, daß sie nicht so wütend reagiert?
   Partnerarbeit: Überlegt, probiert aus und schreibt auf!

5. Die Kinder tragen ihre **Lösungsmöglichkeiten** vor.
   Die Lehrerin/der Lehrer verteilt anschließend den zweiten Text, der zu Beginn der nächsten Stunde eingebracht wird.

Weiterführungsmöglichkeiten:

Analyse des zweiten Textes:

Welche Botschaften werden hier gesandt? (Reden in der Ich-Form, Mitteilen des Ärgers, ...).

Entwickeln von Regeln des Miteinander-Streitens, z.B.:

- *Wir reden immer in der Ich-Form.*
- *Wir bleiben im Hier und Jetzt*
  (und reden nicht über vergangene Geschichten).
- *Wir teilen unsere Gefühle mit.*
- *Wir vermeiden Anschuldigungen.*

Anhand von eigenen „Streiterlebnissen" die **Regeln einüben.**

Ich kann dir nicht die Wahrheit sagen

M 7.1

Hananias und Saphira

H: Saphira, wenn wir den Acker verkaufen, werden wir uns etwas von dem Geld behalten und nicht alles der Gemeinde geben, ja?

S: Meinst du wirklich, das sollten wir tun?

H: Warum nicht? Ich bin sicher, die anderen machen es nicht anders.

Außerdem ist es noch genug, was die Gemeinde von uns bekommt. Die anderen geben nicht halb soviel.

S: Ja, da hast du recht.

Außerdem kann man nie wissen, was kommt.

Wenn wir unser ganzes Geld der Gemeinde geben, werden wir am Ende noch zu Bettlern.

H: Ja, das befürchte ich auch.

Stell dir vor, die Gemeinde löst sich über Nacht auf, oder einer nimmt das ganze Geld mit und verschwindet ...

S: Nicht auszudenken!

Es wäre ganz schön dumm von uns, wenn wir alles in die Gemeinschaftskasse geben würden.

H: Wir werden morgen zu Petrus gehen und ihm nur einen Teil des Geldes geben. Den Rest behalten wir für uns.

S: Ja, und wenn jemand fragt, ob das alles ist, was wir haben, dann werde ich sagen: „Ja, das ist alles, was wir haben." Es ist mir unangenehm, den anderen zu sagen, daß wir etwas für uns behalten wollen. Was die von uns denken würden!

Ich kann dir nicht die Wahrheit sagen

L 7.1

Verwendungsmöglichkeiten von M 7.1:

Grundlage:
1. Die Lehrerin/der Lehrer erzählt kurz den **Sachverhalt** (bibl. Geschichte, aber nur aus der Perspektive von Hananias und Saphira, die vor der Entscheidung stehen, das Geld aus dem Erlös des Ackers komplett der Gemeinde zu spenden oder einen Teil für sich selbst zu behalten).
2. Zwei SchülerInnen lesen den **Text mit verteilten Rollen**.
3. **Gespräch**, Sachverhalt herausarbeiten, Tafelanschrieb.
4. **Gruppenarbeit** (3 Kinder):

Der nächste Tag

Wie verhalten sich Hananias und Saphira am nächsten Tag? Geben sie Petrus das gesamte Geld oder behalten sie etwas für sich?

Schreibt auf und spielt vor!

(L. hält Verhalten und Lösungsmöglichkeiten an der Tafel fest.)

5. **Gespräch**: Wozu führt das jeweilige Verhalten?
 Zum Beispiel:
 Hananias will das ganze Geld für sich behalten, Saphira hat Zweifel bekommen, will, daß Hananias alles abgibt ⟶ Die beiden streiten sich, ...

 oder:
 Petrus merkt, daß die beiden ihn belügen.
 ⟶ Er spricht sie darauf an, ...

Oder:

Einzelne Sätze aus dem Text herausgreifen, z.B.:

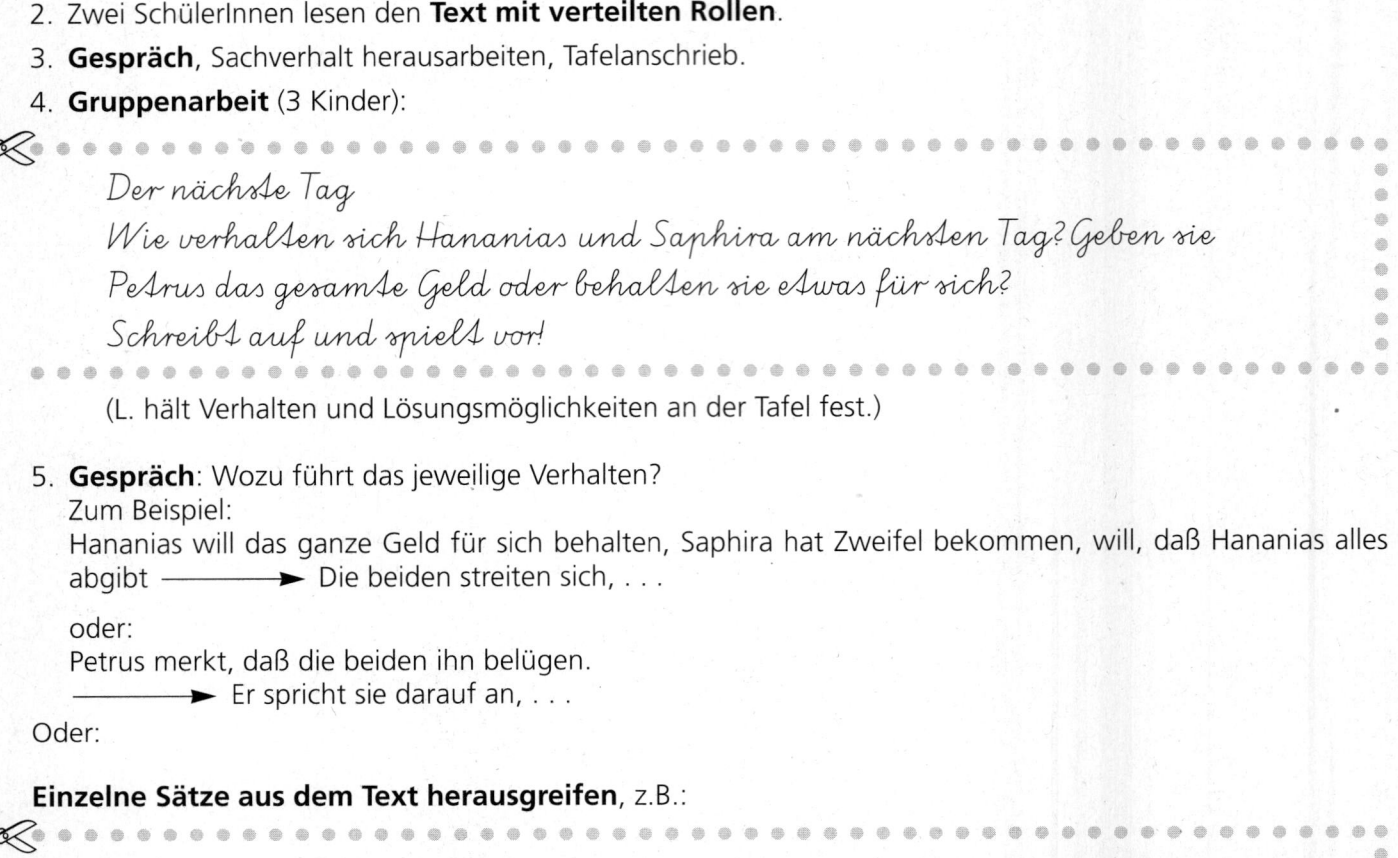

„Wenn wir unser ganzes Geld der Gemeinde geben, werden wir am Ende noch zu Bettlern."
Welche Angst steckt dahinter / was verleitet die beiden zur Lüge?

---

oder:

„Stell dir vor, die Gemeinde löst sich über Nacht auf oder einer nimmt das ganze Geld mit und verschwindet ..."

(Mißtrauen, Angst, im Stich gelassen zu werden)

oder:

„Es wäre ganz schön dumm von uns, wenn wir alles in die Gemeinschaftskasse geben würden."

(Zeitgeist, Profitdenken, Egoismus)

Weiterführende Anregungen:

Eigene **„Lügengeschichten"** erzählen/aufschreiben, Hintergründe erforschen und darstellen.

Ich kann dir nicht die Wahrheit sagen

M 7.2

Petrus verleugnet Jesus (nach Lk. 22, 54–62)

Der hier war auch mit ihm zusammen!

Ich kenne ihn ja überhaupt nicht!

Du gehörst doch auch zu denen!

Mensch, ich habe nichts mit ihm zu tun.

Gar keine Frage, der war auch mit ihm zusammen, er ist doch aus dem gleichen Ort!

Ich weiß überhaupt nicht, wovon du sprichst!

43

Ich kann dir nicht die Wahrheit sagen

L 7.2

Verwendungsmöglichkeiten von M 7.2:

1. Die Lehrerin/der Lehrer **erklärt die Rahmenhandlung**:
Zwei Freunde sind jeden Tag zusammen.
Die **Kinder werden** in den Aufbau der Rahmenhandlung **einbezogen**:
   Was machen die Freunde zusammen?
   Welches Verhältnis haben sie zueinander?
Tafelanschrieb z.B.:
Fußballspielen, Eis essen, Mädchen ärgern, Kirschen klauen, Lagerfeuer anzünden, Lego spielen, sich unterhalten, sich trösten, sich helfen.
Eines Tages, so erzählt die Lehrerin/der Lehrer weiter, wird der eine von den beiden **beschuldigt**, etwas Schlimmes getan zu haben.

Die Kinder fantasieren:
Er könnte etwas gestohlen haben.
Er könnte eine Fensterscheibe eingeworfen haben.
Er könnte mit dem Fahrrad an ein Auto gefahren sein.
Er könnte . . .

Am Nachmittag taucht die Polizei auf und trifft nur den einen der beiden Freunde, der nichts angestellt hat. Einige der Nachbarn sagen zur Polizei:
Der hier ist auch immer mit ihm zusammen!
Was meint ihr, wird dieser dann antworten?

Die SchülerInnen spielen die Szene in einem kleinen **Rollenspiel**:

Die Lehrerin/der Lehrer erzählt anschließend die **biblische Geschichte nach Lk. 22, 54–62**.
M 7.2 dient dazu, daß die SchülerInnen an der entsprechenden Stelle der Erzählung mitwirken können:
Alle lesen: Der hier war auch . . .
Einer: Ich kenne ihn ja überhaupt nicht!
Alle: Du gehörst doch . . .
Einer: Mensch, ich habe nichts . . .
Alle: Gar keine Frage, . . .
Einer: Ich weiß überhaupt nicht, . . .

Ein Gespräch schließt sich an.

2. Die Kinder erfinden selbst „**Verleugnungsgeschichten**" aus ihrem Umfeld. Beispiel:

Vorgabe:

Ein Junge wird dabei erwischt, wie er an einem fremden Fahrrad herumschraubt. Ein Mädchen holt die Schulleiterin. Als diese kommt, ist der Junge weg, aber sein Freund steht noch da.

Vorgabe:

Ein Mädchen bleibt noch in der Klasse, als die anderen schon weg sind. Sie will aufräumen. Am nächsten Tag fehlt es in der Schule, und Ulis Mäppchen, das er vergessen hatte, fehlt. Aber die Freundin des Mädchens ist da.

Du liebst mich trotzdem

M 8.1 a

Die Geschichte vom Vater und seinen zwei Söhnen
(nach Luk. 15, 11–32)

So sind die Söhne:

- Er ist eifersüchtig, weil der Vater für den Bruder ein Kalb geschlachtet hat.
- Er denkt über sich nach.
- Es geht ihm schlecht.
- Er ist hungrig.
- Er entschuldigt sich.
- „Gib mir mein Erbteil!"
- Er lebt in Saus und Braus und verjubelt alles.
- Er beschuldigt seinen Bruder, daß der sein Geld vertrunken habe.
- Er bereut, was er getan hat.
- Er zieht in die Fremde.
- Er will wissen, was los ist.
- Er wird zornig und will nicht ins Haus gehen.
- Er fragt, was er die ganzen Jahre für seine Arbeit bekommen hat.
- Er hütet die Schweine.

Du liebst mich trotzdem

L 8.1 a

Verwendungsmöglichkeiten von M 8.1a:

Die Sätze auf dem Arbeitsblatt entsprechen inhaltlich der biblischen Geschichte und sind Aussagen bzw. Beschreibungen der beiden Brüder. Folgender **Arbeitsauftrag** ist möglich:

1. Findet mit Hilfe des Bibeltextes heraus, welche Sätze auf welchen Bruder zutreffen! Malt die Kästchen in verschiedenen Farben aus (gelb für den Bruder, der zu Hause bleibt, und rot für den Bruder, der weggeht)!
2. Numeriert die gelben Sätze von 1 bis 9!
Numeriert die roten Sätze von 1 bis 5!

Lösung gelb
1 „Gib mir mein Erbteil!"
2 Er lebt in Saus und Braus und verjubelt alles.
3 Er zieht in die Fremde.
4 Es geht ihm schlecht.
5 Er hütet die Schweine.
6 Er ist hungrig.
7 Er denkt über sich nach.
8 Er bereut, was er getan hat.
9 Er entschuldigt sich.

Lösung rot
1 Er will wissen, was da los ist.
2 Er wird zornig und will nicht ins Haus gehen.
3 Er fragt, was er für seine Arbeit bekommen hat.
4 Er beschuldigt seinen Bruder, daß er sein Geld mit Nutten durchgebracht hat.
5 Er ist eifersüchtig, weil der Vater für den Bruder ein Kalb geschlachtet hat.

Weitere Anregungen:

Der Sohn, der weggeht, schreibt auf, was er erwartet:
Endlich bin ich frei und kann machen, was ich will. Ich habe genug Geld und kann mir alles kaufen, was ich mir wünsche. Als erstes kaufe ich mir . . .
Ich werde viele Freunde haben und große Feste feiern. Die Leute werden glücklich sein, wenn sie sich zu meinen Freunden zählen dürfen. Ich werde bestimmen, was gemacht wird. Die Politiker werden auf mich hören . . .

Der Sohn, der zu Hause bleibt, schreibt auf, was er erwartet:
Ich bin fleißig, ordentlich und pünktlich. Mein Vater kann sich auf mich verlassen. Ich kenne mich aus, und die Angestellten hören auf mich. Ohne mich wäre mein Vater ganz schön aufgeschmissen. Ich erwarte natürlich, daß er meinen Einsatz zu schätzen weiß. Ich möchte, daß er meine Arbeit anerkennt und mich lobt, daß er mir seine Zuneigung zeigt.

Du liebst mich trotzdem

M 8.1 b

Die Geschichte vom Vater und seinen zwei Söhnen
(nach Luk. 15, 11–32)

Wie ist der Vater?

- Er sieht den Sohn schon von weitem kommen.
- Er schimpft den Verschwender aus.
- Er sagt: „Du darfst nur wieder bei mir wohnen, wenn du versprichst, ab sofort fleißig und ordentlich zu sein!"
- Er teilt seinen Besitz unter den beiden Söhnen auf.
- Der Vater ärgert sich darüber, daß der Sohn das ganze Geld verschwendet hat.
- Der Vater ruft seine Diener: „Schnell, holt das beste Kleid für ihn. Steckt ihm einen Ring an den Finger und bringt ihm Schuhe!"
- Er fällt ihm um den Hals und küßt ihn.
- Er sagt: „Mein Sohn ist ein Taugenichts. Ich muß sehen, daß er nicht noch mehr Dummheiten macht."
- Er sagt: „Mein Sohn war tot, jetzt lebt er wieder. Er war verloren, jetzt ist er wiedergefunden."
- „Mein Sohn", sagt der Vater, „du bist immer bei mir, und dir gehört alles, was ich habe."
- Er gibt seinen Arbeitern mehr zu essen, als sie essen können.
- Er läuft ihm voller Mitleid entgegen.
- Er läßt ein Kalb schlachten und feiert ein Fest und freut sich.
- Der Vater kommt aus dem Haus und redet ihm gut zu.
- Er verschließt die Tür und läßt den Sohn nicht hinein.
- Er sagt: „Na gut, du kannst bei mir arbeiten. Dort hinten hängen noch ein paar alte Klamotten, und in der Kammer findest du ein Stück trockenes Brot, wenn du Hunger hast."

Du liebst mich trotzdem

L 8.1 b

Verwendungsmöglichkeiten von M 8.1 b:

M 8.1 b eignet sich besonders für die Klassen 3 und 4. Die durcheinandergewürfelte Reihenfolge der Sätze zwingt den Schüler/die Schülerin zur intensiven Auseinandersetzung mit dem Text. Die **Sätze, die nicht zum Inhalt der Geschichte gehören,** erscheinen auf den ersten Blick „normal":

>✂ ....
>
> Er schimpft den Verschwender aus.
>
> Er verschließt die Tür und läßt den Sohn nicht hinein.
>
> Er sagt: „Du darfst nur bei mir wohnen, wenn du versprichst, ab sofort fleißig und ordentlich zu sein!"
>
> Er sagt: „Na gut, du kannst bei mir arbeiten. Dort hinten hängen noch ein paar alte Klamotten, und in der Kammer findest du ein Stück trockenes Brot, wenn du Hunger hast."
>
> Er sagt: „Mein Sohn ist ein Taugenichts. Ich muß sehen, daß er nicht noch mehr Dummheiten macht."
>
> Der Vater ärgert sich darüber, daß der Sohn das ganze Geld verschwendet hat.

Indem die Schülerinnen und Schüler im Vergleich mit dem Text aus Luk. 15, 11–32 herausgefunden haben, **welche Sätze zum Inhalt der biblischen Geschichte gehören,** wird ihnen die Andersartigkeit des väterlichen Verhaltens bewußt. Dieser Vater nimmt den Sohn mit offenen Armen auf, feiert ein Fest für ihn. Der Text kann je nach Intention verschiedene Arbeitsaufträge hinzugefügt bekommen:

> ✂ ....
>
> 1. Vergleiche die Sätze auf dem Arbeitsblatt mit der Geschichte in Luk. 15, 11–32!
>
> Schneide die Sätze, die zum Text gehören, aus und klebe sie in der richtigen Reihenfolge in dein Heft.

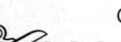

oder

> ✂ ....
>
> 2. Stelle dir vor, du seist der Vater und hättest erfahren, wo sich der Sohn aufhält.
>
> Schreibe ihm einen <u>Brief</u>!
>
> Die Sätze auf dem Arbeitsblatt helfen dir dabei.

Weitere Anregungen:

Rollenspiel inszenieren. Am Ende findet ein richtiges Fest statt.
Fernsehsendung inszenieren à la „Notruf". Hans Meiser berichtet live aus...
Fingergeschichte. Die Kinder tun sich paarweise zusammen. Sie bemalen die Finger als Vater 1, Sohn 2, Sohn 3, denken sich Dialoge in Anlehnung an die Geschichte aus.

Komm, wir vertragen uns wieder

M 9.1

Niemand ist ohne Schuld

Verurteilt nicht andere, damit Gott euch nicht verurteilt. Denn euer Urteil wird auf euch zurückfallen, und ihr werdet mit demselben Maß gemessen werden, das ihr bei anderen anlegt. (Matt. 7, 1–2).

„Hast du das mitgekriegt?" fragt Peter seinen Freund Martin.
„Der Christian hat in der Mathearbeit eine glatte Sechs geschrieben! Na ja, kein Wunder, der paßt ja auch nicht auf, und außerdem ist er eben ein bißchen doof!"
In der nächsten Mathearbeit hat Peter eine Sechs.

Warum kümmerst du dich um den Splitter im Auge deines Bruders und bemerkst nicht den Balken in deinem eigenen?
Wie kannst du zu deinem Bruder sagen:
„Komm her, ich will dir den Splitter aus dem Auge ziehen", wenn du selbst einen ganzen Balken im Auge hast?
Du Scheinheiliger, zieh erst den Balken aus deinem Auge, dann wirst du klar sehen
und kannst dich auch um den Splitter im Auge deines Bruders kümmern. (Matt. 7, 3–5)

Uli: *„Die Kirsten, die ist eine richtige Labertante. Wie die immer rumlallt. Die schwallt einem die Ohren ab! Und bei den Lehrern sülzt sie voll rum, um sich einzuschleimen. Richtig ekelhaft!"*

Udo: *„Du, find' ich nicht. Es stimmt schon, die Kirsten redet gern und viel. Aber ich finde, was sie sagt, hat Hand und Fuß. Sie kann sich wirklich gut ausdrücken, und das nutzt sie manchmal auch bei Lehrern aus. Oft kann sie durch ihre guten Argumente und ihre Ausdrucksweise dadurch auch für die anderen noch was rausholen. Richtig gut!"*

Komm, wir vertragen uns wieder

L 9.1

Verwendungsmöglichkeiten von M 9.1:

1. Den Bibeltext Matt. 7, 1–2 lesen und **Assoziationen sammeln**, z.B.: Gericht, Richter, Gefängnis, Maßband, Bestrafung, Wie du mir, so ich dir.
   Anschließend den Text in der Form **auswendig lernen** lassen, daß verschiedene Gruppen Teile des Textes lernen, die danach im **Sprechgesang** aufgesagt werden.

   Beispiel:
   Gruppe 1 lernt: Verurteilt nicht andere,
   Gruppe 2 lernt: damit Gott euch nicht verurteilt.
   Gruppe 3 lernt: Denn euer Urteil wird auf euch zurückfallen,
   Gruppe 4 lernt: und ihr werdet mit demselben Maß gemessen werden,
   Gruppe 5 lernt: das ihr bei anderen anlegt.

   Der Text kann nach Reihenfolge hintereinander oder auch durcheinander mit **Laut-Leise-Variationen** gesprochen werden.
   Musikalische Begleitung des Sprechgesangs mit Orffschen Instrumenten oder einfachen Gegenständen aus dem Klassenraum verstärkt den Eindruck.

2. Die kleine Geschichte „Hast du . . ." wird im **Rollenspiel** fortgeführt. Über ähnliche Erfahrungen kann berichtet werden.
   Wie könnte Peter Christian zeigen, daß sich seine Einstellung geändert hat? (Spielerische Darstellung)

3. Zum Verständnis des Bibelwortes Matt. 7, 3–5 bekommt ein Kind die **Augen völlig verbunden**, das andere erhält eine **lose Augenklappe**.
   Das Kind mit den verbundenen Augen hat die Aufgabe, folgenden Text zu dem Kind mit der Augenklappe zu sagen:
   „He, du, paß auf mit deiner Augenklappe! Du siehst ja gar nichts!"
   Das Kind mit der Augenklappe soll sich eine Antwort einfallen lassen.
   Dieses Spiel soll exemplarisch 3 bis 4 mal durchgeführt werden.

4. Der Text Uli/Udo sollte vom Lehrer/von der Lehrerin folgendermaßen eingeführt werden:

   > Uli redet gern und viel, manchmal so viel, daß sich die Leute die Ohren zuhalten. Manchmal sagt die Mutter: „Uli, nun sei doch endlich einmal still! Ich kann schon gar nicht mehr zuhören!" Dann ist Uli beleidigt und geht in ihr Zimmer, denn sie fühlt sich ungerecht behandelt. Uli glaubt, daß sie nicht mehr und nicht weniger redet als andere Kinder. Die Kirsten, meint Uli, die . . .

   Die Kinder **lesen den Text mit verteilten Rollen mehrmals**.
   Gespräch über Udos Verhalten. Was hätte Udo auch sagen können?
   Wie wirkt das Gesagte auf Uli?

   Partnerarbeit:
   Denkt euch ähnliche Gespräche aus!
   (Ein Kind redet schlecht über ein drittes, das angesprochene Kind geht nicht darauf ein, sondern setzt ein Gegengewicht)

Komm, wir vertragen uns wieder

M 9.2 a

Lisi mit den zwei Gesichtern

1 Sandra und Lisi hatten sich gestritten.
2 Eigentlich waren sie ja gute Freundinnen, kannten sich schon, seit sie beide in den Kindergarten
3 gegangen waren. Und gestritten hatten sie sich schon oft, na ja, das heißt: so richtig gestritten
4 hatten sie sich eigentlich noch nie. Höchstens mal „dumme Gans" oder „Spielverderberin"
5 zueinander gesagt und sich dann drei Tage aus dem Weg gegangen. Am vierten Tag war dann
6 alles so, als sei nichts gewesen. Das war normal.
7 Aber diesmal war es anders.
8 Lisi hatte sich darüber geärgert, daß Sandra in letzter Zeit nichts anderes machen wollte als den
9 ganzen Tag vor der Glotze zu hocken, Chips zu essen und Cola zu trinken.
10 „Sandra", hatte sie gesagt, „du bist die langweiligste und faulste Trine, die rumläuft. Mit dir
11 kann man überhaupt nichts anfangen!"
12 „Du brauchst grade was zu sagen", entgegnete die Freundin im gereizten Ton. „Du hast doch
13 keine Lust dazu, an den See zu gehen, und du wolltest letzte Woche auch nicht mit mir rad-
14 fahren!"
15 Es entwickelte sich ein handfester Streit, bei dem Worte fielen, die beide Mädchen sehr
16 empfindlich trafen. Fette Kuh, lahme Ente, langweilige Tussi, dumme Zicke und eingebildete
17 Angeberin waren noch die harmlosesten. Am schlimmsten aber war es, daß Lisi das Fenster von
18 Sandras Zimmer öffnete und laut hinausbrüllte: „Sandra ist in Ben verknallt!"
19 Und das ausgerechnet in dem Moment, als Ben sein Fahrrad zur Haustür hineinschob. Sandra
20 wäre am liebsten im Erdboden verschwunden. Alles hätte sie der Freundin verziehen, alles, nur
21 nicht die Tatsache, daß Lisi ihr wohlgehütetes Geheimnis auf die Straße
22 hinausposaunte. Mit verkniffenen Augen sah Sandra ihre Freundin an.
23 Sie faßte sie an den Schultern, schüttelte sie und schrie so laut, daß sich ihre Stimme überschlug:
24 „Raus!"
25 Dann warf sie sich auf ihr Bett und weinte, bis sie nicht mehr konnte. Müde und innerlich leer
26 starrte sie die Zimmerdecke an.
27 Plötzlich sah sie Lisi vor sich, wie sie sie noch nie gesehen hatte. Höhnisch lachend sah sie Lisi vor
28 sich stehen, sah ihre Hände, die zu Fäusten geballt waren, bemerkte den spöttischen Zug um
29 ihren Mund, die abweisende Körperhaltung. Das also war ihr wahres Gesicht. Jetzt hatte sie sie
30 erst richtig kennengelernt.
31 Wie konnte sie nur all die Jahre so blind sein! Andere hätten das schon länger bemerkt, daß Lisi
32 so eine eingebildete Gans war, eine, die sie nur ausnutzte und sich hinterher lustig über sie
33 machte.
34 Aber das würde sich ändern. Festentschlossen ging Sandra am nächsten Tag auf Lisi zu, die mit
35 ein paar anderen Mädchen auf dem Schulhof zusammenstand. „Das eine sag' ich dir", begann
36 Sandra, „wir beide haben nichts mehr miteinander zu tun. Du bist nicht mehr meine Freundin
37 und wirst es auch nie mehr sein!"
38 Noch bevor Lisi sich dazu äußern konnte, war Sandra schon davongerannt und hatte sich in der
39 Toilette eingeschlossen.
40 Tage und Wochen vergingen, ohne daß die beiden auch nur einen Blick wechselten. Sandra
41 fühlte sich schlecht, Lisi fühlte sich einsam.
42 Die großen Ferien begannen. Lisi fuhr auf einen Reiterhof, Sandra blieb zu Hause und langweilte
43 sich.

Komm, wir vertragen uns wieder

M 9.2 b

Dann bekam Sandra Post von ihrer Cousine. Sie schrieb:

> Liebe Sandra,
>
> 1 wie klein doch die Welt ist! Hier auf dem Reiterhof
> 2 in Schotten habe ich ein Mädchen aus Eurem Dorf
> 3 kennengelernt. Es heißt Lisi und ist ungefähr so alt
> 4 wie Du.
> 5 Aber sie sagt, daß sie Dich nicht kennt. Jedenfalls ist
> 6 sie eine fantastische Freundin. Sie ist so fröhlich
> 7 und quirlig. Den ganzen Tag hat sie flotte Sprüche
> 8 drauf und immer einen Witz auf Lager. Aber man
> 9 kann auch ernsthaft mit ihr reden.
> 10 Sie ist eine Prima Zuhörerin.
> 11 Ich bin sehr froh sie kennengelernt zu haben. Vielleicht
> 12 ergibt sich die Gelegenheit, daß wir uns zusammen
> 13 treffen. Sie ist ja schließlich aus Eurem Dorf.
> 14 Deine Melanie

1 Sandra las den Brief noch einmal und noch einmal. Da stand: „Sie
2 ist so fröhlich und quirlig." Und: „eine prima Zuhörerin". Es
3 stimmte alles, was Melanie über Lisi schrieb, und Sandra vermißte
4 all das.
5 Aber Sandra kannte auch die „andere" Lisi, die aggressive Kratz-
6 bürste, die eingebildete Angeberin, die Verräterin!
7 Als Sandra an diesem Nachmittag auf ihrem Bett lag und immer
8 wieder den Brief ihrer Cousine las, kämpften zwei Mächte in ihr:
9 „Ja, sie ist so, wie Melanie es schreibt. Ich vermisse ihre Lebendig-
10 keit, ihr fröhliches Lachen, ihre Freundschaft", sagte die eine
11 Stimme in ihr.
12 „Nein, sie ist eine widerliche Verräterin, eine zickige Gans", wider-
13 sprach die andere.
14 Es war schon zehn Uhr abends, als Sandra sich von ihrem Bett
15 erhob und begann, einen Brief zu schreiben.

Komm, wir vertragen uns wieder

L 9.2 a/b

Verwendungsmöglichkeiten von M 9.2 a/b:

1. Einen **Brief schreiben** als Fortsetzung der Geschichte.

2. **Die beiden Gesichter von Lisi aus der Sicht Sandras darstellen.**

   Textstellen:
   Zeile: 10   „Sandra", hatte sie gesagt, „du . . ."
   Lisi beleidigt Sandra und macht sie runter.
   Zeile: 15   fette Kuh, lahme Ente, . . .
   Lisi beschimpft Sandra.
   Zeile: 17   . . . und laut hinausbrüllte: . . .
   Lisi stellt Sandra bloß und verrät ein Geheimnis.
   Zeile: 27   Plötzlich sah sie Lisi vor sich . . .
   Lisi erscheint fremd, spöttisch und abweisend.

   Das andere Gesicht
   Zeile: 5   Jedenfalls ist sie eine fantastische Freundin . . .
   Zeile: 10   Ich vermisse ihre Lebendigkeit und ihr fröhliches . . .

Zunächst Texte in verschiedenen Farben **unterstreichen** lassen, dann **Partnerarbeit**:
Ein(e) Partner(in) wird im Gesicht halb schwarz, halb weiß mit **Theaterschminke** angemalt. Das andere Kind liest den in Partnerarbeit produzierten Text, der sich aus dem Geschichtentext ergeben hat, vor, während einmal die weiße und einmal die schwarze Seite des Gesichts von den Zuhörern zu sehen ist. Textbeispiel:

Das ist Lisi. Sie beleidigt ihre beste Freundin und macht sie runter. Sie beschimpft ihre beste Freundin mit schlimmen Ausdrücken. Sie verrät das größte Geheimnis und blamiert ihre beste Freundin vor dem Jungen, den sie am liebsten mag. Lisi ist eine widerliche Verräterin und eine aggressive Kratzbürste. (schwarze Seite des Gesichts)

Das ist Lisi. Sie ist eine fantastische Freundin. Sie ist fröhlich und quirlig. Den ganzen Tag hat sie flotte Sprüche drauf. Sie hat immer einen Witz auf Lager. Mit Lisi kann man auch ganz ernsthaft reden. Sie ist eine prima Zuhörerin. Sie hat ein fröhliches Lachen und ist sehr lebendig. (weiße Seite des Gesichts)

Ich vertraue dir

○△□
M 10.1

Stille-Text

Du hörst viele vertraute Geräusche am Straßenrand.
Du erkennst die Menschen an ihrem Schritt, an ihren Schuhen.
Seit vielen Jahren gehen sie hier vorbei, meistens zur selben Zeit.
Sehen kannst du sie nicht. Du bist blind. Seit deiner Geburt.
Niemals hast du die Sonne gesehen, die Blumen, die Tiere oder die Menschen.
Mit den Händen und Ohren hast du die Welt begriffen.
Du sitzt hier, weil du für dein Brot betteln mußt.
Sozialhilfe? Die muß noch erfunden werden.
Aber die meisten Leute, die vorbeieilen, geben dir was.
Danke. Vielen Dank.
Da sitzt du, in deinen Mantel gehüllt, träumst vor dich hin.
Niemand stört dich in deinen Gedanken.
Niemand will etwas von dir. Niemand sagt dir, was du tun oder lassen sollst.
Eigentlich ganz gemütlich unter dem weiten Mantel,
so ganz allein mit sich und seinen Gedanken.
Oder doch nicht?
Alleinsein, wenn du Angst hast,
alleinsein, wenn du traurig bist,
alleinsein – ausgestoßen sein.
Du hast Mitleid, Mitleid mit dir selbst.
Da kommt einer, einer, der dir helfen kann.
Jesus, rufst du, hab Mitleid mit mir!
Den anderen ist das nicht recht.
Sei still, rufen sie. Bleib, der du bist!
Aber Jesus bleibt stehen.
Was soll ich für dich tun? fragt er dich.
Du antwortest ihm.

Was antwortest du?

Bartimäus antwortet:
Herr, ich möchte sehen können.
Jesus sagt:
Geh nur, dein Vertrauen hat dich gerettet.
Im gleichen Augenblick konnte er sehen und folgte Jesus auf seinem Weg.

Ich vertraue dir

L 10.1

Verwendungsmöglichkeiten von M 10.1:

Der Stille-Text eignet sich ab Klasse 3.
Die Kinder sitzen entweder auf ihren Plätzen, legen den Kopf auf die Arme und erhalten die Anweisung, während des Textvortrages nicht zu reden und Zwischenfragen zu stellen.
Eine andere Möglichkeit: Alle sitzen im **Stuhlkreis**, beide Beine haben Bodenkontakt, der Rücken ist gerade und berührt die Rückenlehne, die Hände liegen auf den Oberschenkeln. Die Gruppe atmet gemeinsam dreimal tief aus und ein und schließt dabei schon die Augen.
Es ist wichtig, daß alle Gruppenmitglieder **über den Ablauf informiert** sind. Jeder hat die Möglichkeit, nicht mitzumachen. Die Lehrerin/der Lehrer liest den Text extrem langsam mit **häufigen Pausen**, besonders an den Stellen, an denen sich die Schülerinnen/Schüler ihre eigenen Vorstellungen machen sollen (z.B.: Alleinsein, wenn du Angst hast . . .)

Die Frage **Was antwortest du?** holt die Schülerinnen und Schüler in die Gegenwart, ohne ihnen die Möglichkeit der Identifikation mit dem Blinden zu nehmen. An dieser Stelle kann ein **Kreisgespräch** folgen, es besteht aber auch die Möglichkeit, die Schülerinnen/Schüler ihre **Gedanken schriftlich niederlegen** zu lassen.

Bei Jugendlichen kann das „Blindsein" noch besser nachempfunden werden, wenn jeder während des Textvortrages **unter einer großen Decke** sitzt.

Weitere Anregungen:

Musikeinspielung von Peter Janssens „Jesus – einer von uns"

Spiel: Ich seh' etwas, was du nicht siehst.
Es dürfen nur Dinge, Merkmale usw. genannt werden, die etwas mit den Personen im Kreis zu tun haben. Man kann außer den Farben auch Formen nennen, z.B.: Ich seh' etwas, was du nicht siehst, das ist rund und hat die Farbe braun (Muttermal auf Peters Oberlippe).

Tafelanschrieb:
```
Jesus hat dich gerettet.
Gott hat dich gerettet.
Die anderen haben dich gerettet.
Dein Vertrauen hat dich gerettet.
```

Wie steht es im Bibeltext?

Ich vertraue dir

M 10.2

Psalm 23: Der Herr ist mein Hirte

Der Herr ist mein Hirte, mir wird nichts mangeln.
Er weidet mich auf einer grünen Aue
und führet mich zum frischen Wasser.
Er erquicket meine Seele und führet mich auf rechter Straße
um seines Namens willen.
Und ob ich schon wanderte im finsteren Tal
fürchte ich kein Unglück,
denn du bist bei mir, dein Stecken und Stab trösten mich.
Du bereitest vor mir einen Tisch im Angesicht meiner Feinde.
Du salbest mein Haupt mit Öl und schenkest mir voll ein.
Gutes und Barmherzigkeit werden mir folgen mein Leben lang,
und ich werde bleiben im Hause des Herrn immerdar.

Amen.

© Konkordia Verlag GmbH, 77815 Bühl

Ich vertraue dir

L 10.2

Verwendungsmöglichkeiten von M 10.2:

1. Den Text **spielerisch** umsetzen.

   Der Herr ist mein Hirte, mir wird nichts mangeln.
   (Arme ausstrecken und Hände schützend über den Boden halten.)
   Er weidet mich auf einer grünen Aue
   (Mit der linken Hand des ausgestreckten Armes rechts anfangen und vor dem Körper „grüne Aue" aufzeigen.)
   und führet mich zum frischen Wasser.
   (Die Finger von oben nach unten schnell bewegen und dabei die Arme senken → rieselndes Wasser.)
   Er erquicket meine Seele und führet mich auf rechter Straße um seines Namens willen.
   (Hand aufs Herz, drei Schritte nach rechts.)
   Und ob ich schon wanderte im finsteren Tal
   (Hände vor die Augen halten, weiterlaufen.)
   fürchte ich kein Unglück,
   (Hände vor den Augen wegnehmen, stehenbleiben, nach oben sehen.)
   denn du bist bei mir, dein Stecken und Stab trösten mich.
   (Alle fassen sich – nach oben schauend – an den Händen.)
   Du bereitest vor mir einen Tisch im Angesicht meiner Feinde.
   (Arme rechts und links ausstrecken, Hände berühren sich in der Mitte und zeigen zum Körper → nehmende Geste.)
   Du salbest mein Haupt mit Öl und schenkest mir voll ein.
   (Sich mit den Händen über das Haar fahren und mit den Armen einen Kreis vor dem Körper bilden, → der volle Becher.)
   Gutes und Barmherzigkeit werden mir folgen mein Leben lang,
   (Die Gruppe läuft langsam im Kreis, jeder blickt freundlich nach hinten zum Nachbarn.)
   und ich werde bleiben im Hause des Herrn immerdar.
   (Mit den Händen Dach über dem Kopf bilden.)
   Amen.
   (In die Hocke gehen.)

2. **Ich fürchte kein Unglück, denn du bist bei mir.**
   An der **Tafel** sammeln, wovor sich die Kinder fürchten, z.B.: daß die Eltern sterben, daß es Krieg gibt, daß die Umwelt zerstört wird, daß der Hund stirbt, daß es nichts mehr zu essen gibt, daß ich allein bin, daß ich überfallen werde ...
   Anschließend auf ein **Schmuckblatt** je nach Altersstufe einfachere oder schwierigere Sätze schreiben lassen, z.B.:
   Ich fürchte nicht, daß ich überfallen werde, denn du bist bei mir.
   Ich fürchte nicht, daß es nichts mehr zu essen gibt, denn . . .
   Die Kinder müssen unbedingt die Gelegenheit bekommen, sich darüber zu äußern. Vielleicht gibt es auch Kinder, die sich weigern, einen solchen Text zu schreiben. Sie können statt dessen auch schreiben: Der Psalmschreiber fürchtet sich nicht davor, daß ...

3. Grüne Au, frisches Wasser, finsteres Tal als **Bilder mit Symbolkraft** begreifen. **Assoziationen** zu den einzelnen Bildern sammeln, z.B.: „grüne Au": frisches Gras, Duft nach Erde, Tauperlen, Blumen, Vielfalt, Lebendigkeit.

Ich vertraue dir

M 10.3

Nach Psalm 139

Ich sitze oder stehe

Ob es hell ist oder dunkel

Ich liege oder gehe

Gott ist da.
Er sieht mich
Er kennt mich
Er liebt mich
wie ich bin.

Ob ich im Weltall bin oder am Ende des Horizonts

Ich bin im Himmel oder in der Hölle

Ob ich alt bin oder jung

Ich schreie es raus oder beiße mir auf die Lippen

Ob ich meine Gedanken ausspreche oder für mich behalte

Ich vertraue dir

L 10.3

Verwendungsmöglichkeiten von M 10.3:

Grundlage: Psalm 139, Übersetzung Gute Nachricht

M 10.3 ist ab Klasse 3, 2. Halbjahr verwendbar. Durch die sprachliche Vorstrukturierung mit „oder" werden alle Möglichkeiten offengelassen, **eigene Ängste zu formulieren** und aufzuschreiben. Je nach Altersstufe und Unterrichtskontext kann die **Mitte** des Textes (Gott ist da …) freigelassen und **selbst erarbeitet werden**. Das gilt auch für das Ausfüllen der einzelnen „Strahlen".
Das Arbeitsblatt kann als Grundlage für die **Anfertigung eines eigenen Psalms** dienen, z.B.:

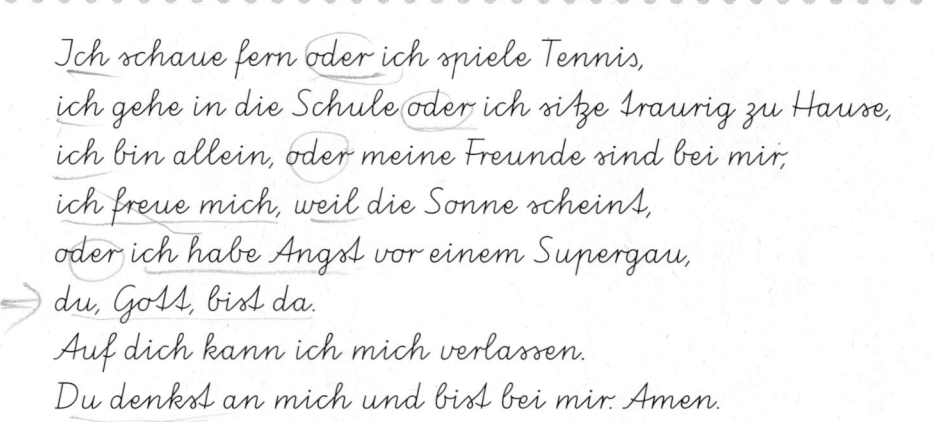

Ich schaue fern oder ich spiele Tennis,
ich gehe in die Schule oder ich sitze traurig zu Hause,
ich bin allein, oder meine Freunde sind bei mir,
ich freue mich, weil die Sonne scheint,
oder ich habe Angst vor einem Supergau,
du, Gott, bist da.
Auf dich kann ich mich verlassen.
Du denkst an mich und bist bei mir. Amen.

Ich vertraue dir

M 10.4

Ich habe Angst vor der Zukunft, weil …
Ich fürchte mich vor

_____

weil

_____

Manchmal liege ich nachts wach im Bett und kann nicht schlafen, weil

_____

Aber dann fällt mir ein, daß

_____

Du, Gott,

_____

Auch wenn ich ganz allein bin,

_____

Du bist immer da und liebst mich, wie ich bin.
Das will ich nie vergessen.
Danke, Gott!

Ich vertraue dir

L 10.4

Verwendungsmöglichkeiten von M 10.4:

Nachdem auf verschiedene Art und Weise versucht worden ist, die **Zukunftsängste** herauszuarbeiten, z.B.: Zeitleiste, ein „normaler" **Lebenslauf**

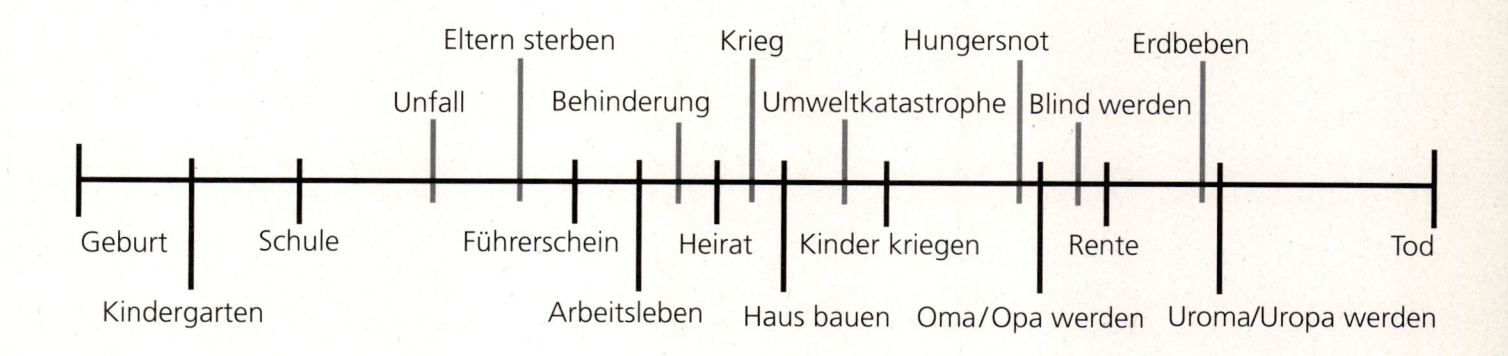

```
                    Eltern sterben      Krieg           Hungersnot       Erdbeben
           Unfall      Behinderung    Umweltkatastrophe  Blind werden
  |----|-----|------|-------|--------|--------|---------|-------|------|
Geburt  Schule     Führerschein  Heirat  Kinder kriegen   Rente         Tod
  Kindergarten         Arbeitsleben  Haus bauen  Oma/Opa werden  Uroma/Uropa werden
```

Lehrerfrage: Was könnte denn dazwischenkommen?,

kann M 10.4 bei den jüngeren Jahrgangsstufen ab Kl. 3 durch die vorgegebenen Satzanfänge dazu beitragen, daß auch Kinder, die Schwierigkeiten mit der Formulierung oder der deutschen Sprache haben, eine Ausdrucksmöglichkeit finden. Es ist wichtig, **daß die Gebete in einer angemessenen Atmosphäre (Kreis, Kerze) vorgetragen werden können**. Der verbleibende Platz auf dem Arbeitsblatt kann zum **Malen** oder zum **Schreiben** eines eigenständigen Gebets verwandt werden.
Alle Arbeitsblätter können zusammen ein **Gebetbuch** ergeben, das gelegentlich durch weitere Gebete oder Psalmen ergänzt werden kann. Die Kinder dürfen sich dieses Buch ausleihen und mit nach Hause nehmen.

Weitere Anregungen:

Thema „Weiterführende Schulen", „Umzug".

Angst **pantomimisch** ausdrücken,
mit **Musikinstrumenten** oder mit **Farben**.

Ich vertraue dir

M 10.5

Mit Jesus in einem Boot

Du bist eine(r) von denen, die Jesus schon lange kennen und mit ihm durchs Land ziehen.
Ihr habt vieles gemeinsam erlebt. Ihr habt zusammengehalten, wenn andere gegen euch waren.
Jesus war bei dir, als du krank warst. Er hat dich getröstet, als du traurig warst.
Er hat dir geholfen, als alle anderen keine Zeit hatten.
Jesus ist dein Freund. Heute steigst du mit ihm und den anderen in ein Boot, um an das andere Ufer des Sees zu fahren.
Ihr habt das schon oft gemacht. Aber heute ist es anders.
Am Himmel ziehen schwarze Wolken auf, der Wind wird stärker.
Das Boot schaukelt im Wasser wie eine Nußschale. Hohe Wellen schwappen über den Bootsrand, füllen es voll mit den tobenden Fluten. Du kannst dich kaum im Boot halten.
Der Wind peitscht dir ins Gesicht, verschlägt dir den Atem.
Klatschnaß hängen dir die Kleider am Leib.
Deine Stimme dringt nicht mehr zu den anderen vor. Einer verliert den Halt, droht zu ertrinken.

Wo ist Jesus?

Jesus hört den Sturm nicht. Er sieht nicht, wie die Wellen das Boot fast zerreißen. Er merkt nicht, daß sie fast ertrinken.
Er schläft.
Mit letzter Kraft schleppt ihr euch zu ihm hin:
Herr, Herr, wir gehen unter! ruft ihr. Jesus steht auf. Er bedroht den Wind und die Wellen. Da wird es ganz still.
Der See liegt vor euch wie ein Spiegel. Das Boot gleitet ruhig auf ihm dahin. Die Sonne kommt hervor und trocknet eure nassen Kleider.

Da fragt Jesus, indem er dich dabei ansieht:

Wo ist euer Vertrauen?

Wie solltest du Vertrauen haben, wenn er dabei schlief? Daß er Kranke heilt, wußtest du. Daß er den Armen hilft, wußtest du. Aber daß er den Wind und die Wellen beeinflussen kann, ...

Was ist das für ein Mensch?

Ich vertraue dir

L 10.5

Verwendungsmöglichkeiten von M 10.5:

1. Verwendung des Textes als **meditative Einstimmung**.
   Die Schülerinnen/Schüler sitzen im **Kreis**. Ihre Füße stehen fest auf dem Boden. Der Rücken berührt die Stuhllehne. Die Hände liegen locker auf den Oberschenkeln.
   Zunächst atmen alle einigemale tief aus und ein. Dann liest die Lehrerin/der Lehrer den Text mit ruhiger Stimme und sehr langsam vor. Anschließend müssen alle Kinder die Möglichkeit bekommen, sich zu **äußern**.

   Fragestellung: Wie ging es dir während der Geschichte?
   Was hast du empfunden?

   Danach können verschiedene **Szenen nachgespielt** werden, um das Empfinden noch deutlicher zum Ausdruck zu bringen.

2. Der Text kann vom Lehrer/der Lehrerin **erzählt** werden.
   Schwerpunkte bilden die Sätze:

   Wo ist Jesus?
   Wo ist euer Vertrauen?
   Was ist das für ein Mensch?

   Es kann an eigene Erlebnisse angeknüpft werden:

   – Wann habe ich eine Situation erlebt, in der ich mich alleingelassen fühlte?
   – Wann habe ich einem anderen Menschen, den ich gut kenne und auf den ich mich eigentlich verlassen kann, nicht vertraut?
   – Habe ich schon Menschen getroffen, die mit allen Schwierigkeiten fertigwerden? Was sind das für Menschen?

3. Den **Text neu anordnen**, so daß sich einzelne Abschnitte für eine **Bildergeschichte** ergeben. Die Kinder malen die Bilder dazu und stellen ein kleines Buch her.

Ich vertraue dir

○△□
L 10.6

Vertrauensspiele

Spiel 1

- Aufbau eines Hindernisparcours mit Hilfe vorhandener Einrichtungsgegenstände.
- Die Schülerinnen und Schüler stehen jeweils zu zweit am Start. Eine(r) hat die Augen verbunden. Die/der andere hält den/die „Blinde(n)" an der Hand und führt ihn/sie über die Hindernisse hinweg, möglichst ohne zu sprechen.
- Erfahrungen im Kreisgespräch austauschen.

Bei **Spiel 1** wird die Spannung verstärkt, wenn der Geführte nicht weiß, wer ihn führt.
Führt man das Spiel zweimal durch, einmal mit einem bekannten Führer und einmal mit einem unbekannten, kann man gut eine wichtige Grundlage des Vertrauens herausarbeiten: Ich vertraue einem anderen, wenn ich ihn kenne.
Es ist sinnvoll, wenn alle Kinder einmal **Geführte** und einmal **Führer** waren.
Beim anschließenden **Gespräch** sollten möglichst alle der Reihe nach zu den folgenden Fragen zu Wort kommen:
– Wie hast du dich gefühlt, als du von einem/einer Unbekannten geführt wurdest?
– Wie hast du dich gefühlt, als du von einem/einer Bekannten/Freund/Freundin geführt wurdest?
– Wie hast du dich als Führer/Führerin gefühlt?

Spiel 2

- Immer **drei Kinder** bilden eine Gruppe.
- Abwechselnd steht jedes Kind einmal in der Mitte und bekommt die **Augen verbunden**.
- Die beiden anderen sollen das dritte Kind anfassen, wenn es sich – auf einer Stelle zwischen den beiden stehend – fallen läßt.

Erfahrungen untereinander austauschen.
Bei Spiel 2 ist darauf zu achten, daß die beiden Kinder, die als „Fänger" fungieren, das mittlere Kind auch auffangen können. Jede(r) sollte mal in der Mitte stehen und sich fallen
lassen dürfen. Gespräch ähnlich wie bei Spiel 1.

Spiel 3

- Aus Teppichfliesen (es geht auch zweifarbige Pappe) wird ein **Spielfeld** wie bei „Mensch-ärgere-dich nicht" gelegt.
- Die Kinder sind die **Spielfiguren** und durch verschiedenfarbige **Stoffstreifen** gekennzeichnet. Sie befinden sich zu Spielbeginn im „Haus".
  Die Spieler (vier Kinder, zu jeder Farbe eines) rücken die „Figuren" und lesen die **Ereigniskarten** vor.
- Gewonnen hat (wie bei „Mensch-ärgere-dich-nicht"), wer zuerst alle „Figuren" im Hof hat.

Spiel 3 sollte möglichst **im Freien oder in der Turnhalle** stattfinden. Weitere Ereigniskarten können im Laufe der Zeit oder schon vor Spielbeginn selbst hergestellt werden. Das Spiel sollte in einer Doppelstunde durchgeführt werden, weil ein anschließendes **Gespräch** stattfinden sollte.

Ich vertraue dir

L 10.6 a

Ereigniskarte Nr. 1

Du sollst auf ein Feld gehen,
das dir Glück oder Unglück bringen kann.
Tust du es oder tust du es nicht?
Wenn ja, würfele!

Ereigniskarte Nr. 2

Du glaubst nicht daran,
daß du gewinnen wirst.
Gehe deshalb zurück zum Start!

Ereigniskarte Nr. 3

Du und alle deine „Verwandten"
rücken vor bis zum Eingang
des nächsten Hofes!

Ereigniskarte Nr. 4

Du trennst dich von dem,
der dir am nächsten steht.
Der andere darf vor bis zum
Eingang seines Hofes.

Ereigniskarte Nr. 5

Jeder, der direkt vor oder hinter
dir steht, muß ins Haus zurück!

Ereigniskarte Nr. 6

Du „vermehrst" dich:
wenn noch ein Spieler
im Haus ist, darf er zu
dir vorrücken.

Ereigniskarte Nr. 7

Du bekommst
einen Wunsch erfüllt:
auf welchem Feld
möchtest du stehen?

Ereigniskarte Nr. 8

Du feierst ein Fest
und ruhst dich aus.
Eine Runde aussetzen
mit allen Figuren!

Ereigniskarte Nr. 9

Alle Figuren,
die hinter dir stehen,
müssen ins Haus zurück!

Ereigniskarte Nr. 10

Du sollst eine von deinen Figuren
auf dem Spielfeld opfern.
Wenn du eine Sechs würfelst,
mußt du sie nicht vom Spielfeld stellen.

Ich vertraue dir

L 10.7

Ideensammlung

Die Schöne und das Biest

Im Klassenraum oder in der Turnhalle wird ein Kreis mit Kreide von etwa 3 Meter Durchmesser aufgezeichnet. In dem Kreis befindet sich ein Kind mit einer Maske, die furchterregend aussieht.
Die anderen Kinder stehen auf der Kreislinie und versuchen hinter dem Rücken des Biestes in den Kreis zu gelangen.
Das „Biest" versucht unter Brüllen und Knurren, eines der Kinder zu fassen und zu sich in den Kreis zu ziehen.
Das gefaßte Kind verwandelt sich ebenfalls in ein wildes Biest und bekommt eine Maske.
Wenn der Kreis mit wilden Tieren angefüllt ist, stürzt sich „die Schöne" todesmutig unter die Meute in den Kreis, um zu ihrem Liebsten, dem Biest, zu gelangen.

Die Aufgabe der anderen wilden Tiere im Kreis ist es, die Schöne durch möglichst lautes Knurren und Brüllen und durch Tatzenstreiche daran zu hindern, zum Liebsten vorzudringen. Hat sie es dennoch geschafft, streichelt sie ihren Liebsten an der Wange, und alle sind erlöst.

Stilleübung

Die Kinder liegen auf Decken mit Abstand nebeneinander.

1. Du legst deine Hände auf den Bauch und atmest aus. Deine Bauchdecke berührt dabei in Gedanken deine Wirbelsäule. Du läßt den Atem wieder in dich hineinströmen.
Du merkst, daß du nichts dazutun mußt:
Der Atem strömt von ganz alleine in dich hinein.
(3mal aus- und einatmen)

2. Du spürst, wie der Boden, auf dem du liegst, dich trägt. Laß dich ganz tief fallen.
Deine Beine werden ganz schwer.
Dein Po liegt fest auf dem Boden.
Die einzelnen Wirbel schmiegen sich an den Boden.
Dein Rücken wird breit und schwer.
Deine Arme werden getragen von dem Boden, auf dem sie liegen.
Deine Hände brauchen nichts zu tun. Laß sie einfach auf den Boden fallen.
Dein Kopf liegt fest und schwer auf der Unterlage.
Der Boden trägt dich.

Ich habe Glück

M 11.1

Zum Andenken!

Willst du glücklich sein im Leben,
trage bei zu andrer Glück,
denn die Freude, die wir geben,
kehrt ins eigene Herz zurück.

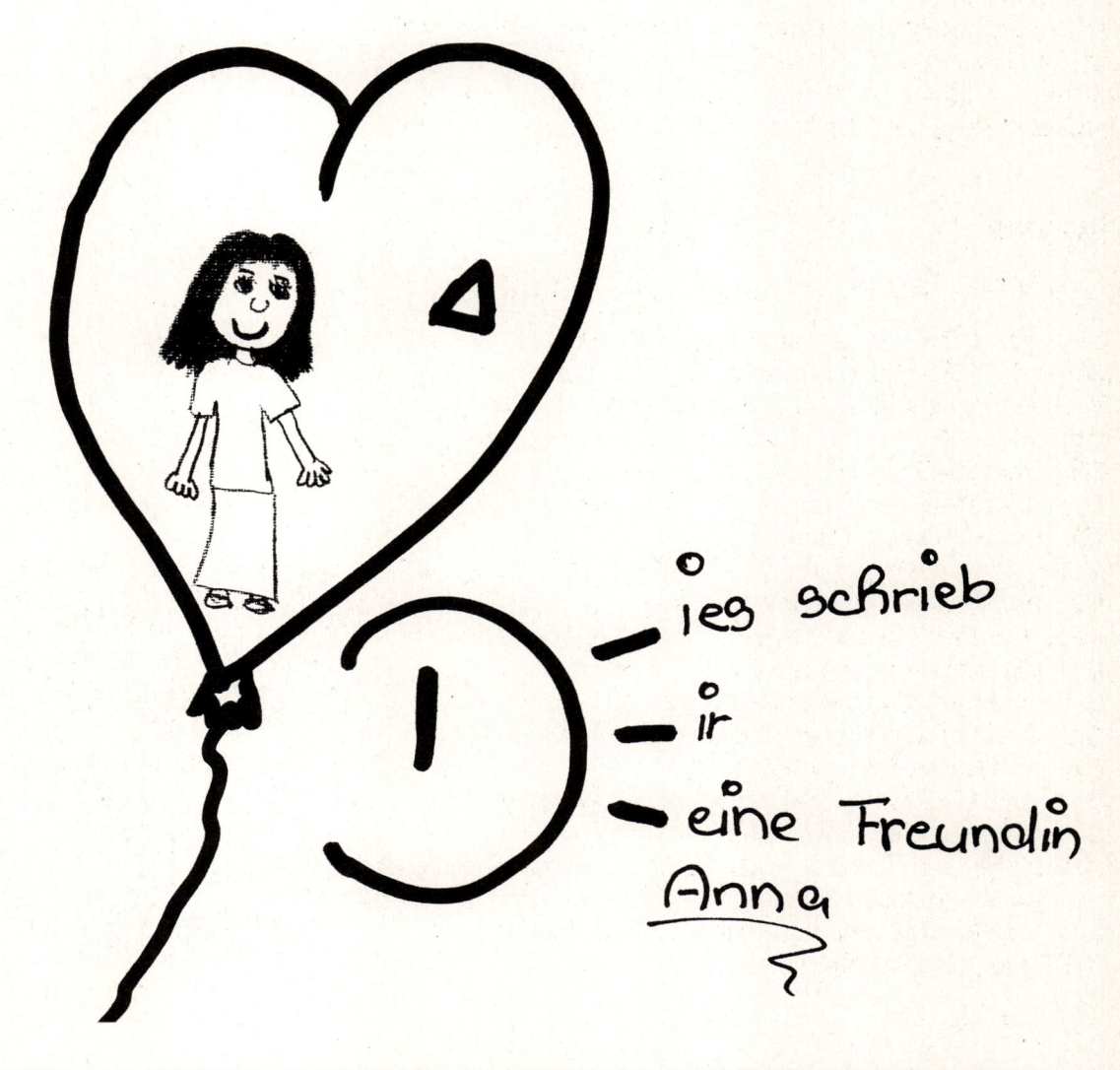

Dies schrieb
Dir
Deine Freundin
Anna

Ich habe Glück

L 11.1

Verwendungsmöglichkeiten von M 11.1:

1. In Klasse 3/4 sind Poesiealben besonders bei den Mädchen beliebt. Die Sprüche, die in die Alben geschrieben werden, haben meistens etwas mit „Glück" zu tun. Dieser Spruch soll ein Anstoß sein, weitere eigene Sprüche zu nennen. Die Sprüche können von den Schülerinnen und Schülern auf ein **Schmuckblatt** geschrieben und in einem **Glücksbuch** gesammelt werden.
Im **Gespräch** wird das unterschiedliche Glücksverständnis herausgearbeitet.

Weitere Sprüche:

*Ich wünsche dir den Himmel, 'nen Wagen mit vier Schimmeln,
ein Säckchen voll Dukaten und täglich guten Braten.*

Froh zu sein bedarf es wenig, und wer froh ist, ist ein König.

*Dein Leben sei fröhlich und heiter, viel Freude erfülle dein Herz,
das Glück sei stets dein Begleiter, nie treffe dich Kummer und Schmerz.*

2. Der Text wird mit **Klecksen** an bestimmten Stellen versehen:
Glück, Freude, Herz.
Die Kinder sollen versuchen, herauszufinden, welche Wörter da gestanden haben. Sie setzen sich so intensiv mit dem Text auseinander. Haben sie die Aufgabe gelöst, folgt ein **Gespräch** über die Bedeutung dieses Spruchs. Die Lehrerin/der Lehrer erkennt an der Übertragungsfähigkeit der Kinder, ob der Inhalt verstanden ist. Ggf. kann ergänzend folgende **Geschichte** erzählt werden:

> Ingas Freundinnen stehen dichtgedrängt um sie herum, wie in jeder Pause. Alle mögen Inga, alle möchten mit ihr spielen und ihr nahe sein. Kirsten auch. Aber die anderen sagen: „Laß Inga in Ruhe! Was soll die denn mit **dir** anfangen? Du bist 'ne Langweilerin und noch dazu 'ne dumme Petze!"
> So steht Kirsten in jeder Pause abseits von den anderen und beobachtet, wie sie spielen und lachen. Manchmal wirft ihr Inga einen kurzen Blick zu. Dann hofft Kirsten, daß Inga eines Tages zu ihr sagt: „Komm, Kirsten, spiel doch mit!"
> Aber Inga sagt nichts. Lange Zeit sagt sie nichts.
> Eines Tages macht die Klasse einen Ausflug in den Holiday-Park. Die Klasse hat sich in Gruppen aufgeteilt. Inga verliert ihre Gruppe, nachdem sie in der Geisterbahn in ein Gedränge geraten ist. Und Kirsten verliert ihre Gruppe, nachdem die anderen einfach nicht auf sie gewartet haben, als sie auf der Toilette war. Kirsten und Inga treffen sich. Inga lächelt Kirsten an:
> „Gott sei Dank, daß ich dich treffe! Ich habe die anderen verloren." „Ich auch", lächelt Kirsten zurück. Schweigend gehen sie nebeneinander her. Dann sagt Inga: „Du, Kirsten, warum spielst du eigentlich nie mit in der Schule? Find' ich richtig schade…"
> An diesem Tag ist Kirsten sehr, sehr glücklich. Inga hat auch so ein gutes Gefühl.

Ich habe Glück

L 11.2

Ideensammlung

- Videoaufnahmen aus dem Werbefernsehen:
  „Glückliche" Menschen

- In Gruppenarbeit Collagen aus Zeitschriftenwerbung herstellen

- Mein persönliches Glücksbuch
  Bilder malen, Gedichte schreiben, Geschichten schreiben zum Thema
  „Was mich glücklich macht"

- Die Mitschüler und Mitschülerinnen interviewen:
  Was bedeutet für dich „glücklich sein"?

- Prominente (Bürgermeister, Pfarrer, Lehrer, Geschäftsleute ...) fragen:
  Waren Sie in Ihrem Leben schon einmal richtig glücklich?
  Erzählen Sie doch mal bitte!

- Menschen im Altersheim fragen:
  Wann waren Sie in Ihrem Leben am glücklichsten?

- Eltern, Geschwister, Lehrer, Freund/Freundin, Oma, Opa, ... fragen:
  Gibt es etwas, womit ich dich glücklich machen kann?

Ich habe Glück, ich freue mich

M 11.3

Wer darf sich freuen?

Lottomillionäre?

Eine Familie, die sich endlich ein Haus bauen kann?

Ein Kind, das alle mögen?

Leute, die oft in den Urlaub fahren?

Ein Mädchen, dessen Schwester endlich auch einmal von den Eltern ausgeschimpft wird?

Kranke, die wieder gesund wurden?

Ein Mädchen, das gut aussieht?

Kinder, die ein schönes Zimmer haben?

Schüler, die eine Eins geschrieben haben?

Ein Fußballspieler, der ein Tor geschossen hat?

Ein Junge, dessen Bruder zu Weihnachten nicht das Geschenk bekommt, was er sich gewünscht hatte?

Ein Mann, dessen böser Nachbar einen Unfall hat?

Ich habe Glück, ich freue mich

L 11.3

Verwendungsmöglichkeiten von M 11.3:

11.3, 11.4 und 11.5 bilden eine Einheit. 11.3 ist zur Vorbereitung der Bergpredigt gedacht (11.4).

1. M 11.3 als **Gesprächsanlaß**

    Einteilung in Kategorien:
    - Freude über Besitz
    - Freude über einen Zustand
    - Schadenfreude
    - Freude über das eigene Können

    Mit eigenen Beiträgen ergänzen.

2. Die Schülerinnen/Schüler greifen sich einen Punkt heraus, der für sie größter Ausdruck der Freude wäre, z.B. Lottomillionär, und schreiben dazu eine kleine **Fantasiegeschichte**: Wenn ich eine Million im Lotto gewonnen hätte
oder: Wenn mich alle mögen würden.
oder: Wenn wir endlich ein eigenes Haus hätten.
Es können natürlich auch tatsächlich erlebte freudige und glückliche Ereignisse aufgeschrieben werden.

3. M 11.3 kann ab Klasse 3 auch als Grundlage zur **Bildung von einfachen Aussagesätzen** verwandt werden:

    Ich freue mich, weil unsere Familie endlich ein Haus bauen konnte.
    Ich freue mich, weil mein Opa wieder gesund ist.
    Ich freue mich über meine Eins in Deutsch.
    Ich freue mich über mein schönes Zimmer.

    usw.

    Die Kinder sollen nur die Sätze aufschreiben, die für sie wahr sind. Die Sätze können auf kleine Kärtchen mit Loch geschrieben und an einen **Dankesbaum oder Freudenbaum** gehängt werden. Dazu liest jedes Kind sein Kärtchen zunächst vor und hängt dieses dann an den Baum, der in der **Mitte des Kreises** steht.

Ich habe Glück, ich freue mich

M 11.4

Bergpredigt (Matt. 5, 3–11)

Jesus sagt:
Freuen dürfen sich alle,
die mit leeren Händen vor Gott stehen;
denn sie werden Gottes Volk sein, wenn er sein Werk vollendet.

Freuen dürfen sich alle,
die unter der Not der Welt leiden;
denn Gott wird ihnen ihre Last abnehmen.

Freuen dürfen sich alle,
die auf Gewalt verzichten;
denn Gott wird ihnen die ganze Erde zum Besitz geben.

Freuen dürfen sich alle,
die brennend darauf warten, daß Gottes Wille geschieht;
denn Gott wird ihre Sehnsucht stillen.

Freuen dürfen sich alle,
die barmherzig sind;
denn Gott wird auch mit ihnen barmherzig sein.

Freuen dürfen sich alle,
die ein reines Herz haben;
denn sie werden Gott sehen.

Freuen dürfen sich alle,
die Frieden schaffen;
denn sie werden Gottes Kinder sein.

Freuen dürfen sich alle,
die verfolgt werden;
weil sie tun, was Gott verlangt;
denn sie werden mit Gott in der neuen Welt leben.

Freuen dürft ihr euch,
wenn man euch beschimpft und verfolgt
und euch zu Unrecht alles Schlechte nachsagt,
weil ihr zu mir gehört.
Freut euch und seid froh,
denn Gott wird euch reich belohnen.
So hat man vor euch die Propheten auch schon behandelt.

© Konkordia Verlag GmbH, 77815 Bühl

Ich habe Glück, ich freue mich

L 11.4

Verwendungsmöglichkeiten von M 11.4:

M 11.4 knüpft inhaltlich an M 11.3 an. Schwerpunkt ist der Vergleich: Worüber freuen wir uns? Was sagt Jesus?

1. Unter der gleichen Fragestellung wie bei M 11.3 „Wer darf sich freuen?" lesen die Schülerinnen und Schüler das Arbeitsblatt durch und **unterstreichen**:

   – die mit leeren Händen vor Gott stehen
   – die unter der Not der Welt leiden
   – die auf Gewalt verzichten
   – die brennend darauf warten, daß Gottes Wille geschieht
   – die barmherzig sind
   – die ein reines Herz haben
   – die Frieden schaffen
   – die verfolgt werden, weil sie tun, was Gott verlangt

   Es wird deutlich, daß alle Nennungen etwas mit dem Tun oder einer Einstellung zu tun haben. Freude wird hier nicht in Zusammenhang mit Besitz oder Können gebracht. **(Gespräch)** Jeder Schüler/jede Schülerin soll sich zum Schluß einen Satz herausgreifen, den er/sie die Woche über **ausprobieren** will, z.B.: Freuen dürfen sich alle, die auf Gewalt verzichten, …

   In der nächsten Stunde wird über **konkrete Erfahrungen** berichtet.

2. Die Bergpredigt kann **mit verteilten Rollen gelesen** werden, damit die Struktur deutlich wird.

3. **Den Text in Frage und Antwort umwandeln:**
   Warum dürfen sich alle freuen, die mit leeren Händen vor Gott stehen?
   Weil sie Gottes Volk sein werden, wenn er sein Werk vollendet. Die Fragen und Antworten können auf **Kärtchen** geschrieben werden. **Zwei Partner** arbeiten zusammen.

   Die Kinder sollten zuvor unbedingt die Möglichkeit haben, **Verständnisfragen** zu stellen, z.B.: Gottes Volk, Werk vollenden, Gottes Wille, barmherzig, reines Herz, verfolgt werden, neue Welt, …

Ich habe Glück, ich freue mich

M 11.5

Freuen dürfen sich alle, die ein reines Herz haben

Was macht unrein? (Markus 7, 14–23)

„Das, was der Mensch von außen in sich aufnimmt, kann ihn nicht unrein machen, weil es nicht in sein Herz, sondern nur in den Magen gelangt und dann vom Körper wieder ausgeschieden wird."
Damit erklärte Jesus, daß alle vor Gott rein sind.
„Aber das," fuhr er fort, „was aus dem Menschen selbst kommt, macht ihn unrein,"
Denn aus ihm selbst, aus seinem Herzen, kommen die bösen Gedanken.
Die verleiten ihn zu Unzucht, Diebstahl, Mord, Ehebruch, Habsucht und anderen schlimmen Dingen wie Betrug, Lüsternheit, Neid, Verleumdung, Überheblichkeit und Unvernunft.
All das kommt aus dem Inneren des Menschen und macht ihn unrein."

Dirk schreibt:

Manchmal komm' ich mir richtig dreckig vor. Dann stell' ich mir vor, wie es wäre, meinen Lehrer zu erschießen. Und ich merke, wie gut ich diesen Gedanken finde. Ihm manchmal so richtig eine reinballern. Ich stell' mir vor, wie er zitternd vor mir kniet und um sein Leben bettelt, wie ich ihm mit dem Gewehrkolben eins über den Kopf ziehe, daß er ganz zu Boden geht und beide Arme angstvoll über dem Kopf hält. Dann fühl' ich mich gut, so groß und überlegen. Ich hab' sein Leben in der Hand. Er kommandiert mich nicht mehr rum.

Sascha schreibt:

Manchmal denke ich daran, wie es wäre, eine Bank zu überfallen. Einfach so. Ich würde mir eine Spielzeugpistole kaufen, so eine, die total echt aussieht. Dann würde ich mir einen Strumpf über den Kopf ziehen und in die Bank marschieren. „Hände hoch", würde ich sagen, „das ist ein Überfall! Packen Sie alle Scheine in die Plastiktüte!" Es würde ganz schnell gehen und alle würden vor mir zittern. Dann würde ich ganz cool die Bank verlassen und mir den Strumpf vom Kopf ziehen. Niemand würde ein <u>Kind</u> verdächtigen. In aller Ruhe könnte ich das Geld in meinem Versteck nachzählen ...

Anja schreibt:

Manchmal hätte ich Lust, schlimme Dinge über meine Nachbarin, diese dumme Zicke, zu erzählen. Ich würde überall rumerzählen, daß sie säuft und dauernd Männerbesuche bekommt. Ich würde sagen, daß ich schon gesehen hätte, wie sie beim HL geklaut hat. Ich würde erzählen, daß sie eine total verdreckte Wohnung hat und sich nie wäscht. Dann würde ich sie vielleicht auch mal so ärgern, wie ich mich immer über sie ärgern muß, wenn sie mich dumm anmeckert.

© Konkordia Verlag GmbH, 77815 Bühl

Ich habe Glück, ich freue mich

L 11.5

Verwendungsmöglichkeiten von M 11.5:

1. Der Bibeltext „Was macht unrein?" kann als beispielhafte Erläuterung des Bergpredigttextes herangezogen werden.
   Er stellt das Gegenteil des „reinen Herzens" dar und hilft damit, den Begriff zu klären.

   Der **Bibeltext** kann unter folgenden Gesichtspunkten gelesen werden:
   – Was macht den Menschen unrein? Ist es das, was er von außen in sich aufnimmt, oder ist es das, was aus ihm selbst kommt?
   – Wozu führen „böse Gedanken"?
   – Sucht Beispiele aus der Tageszeitung heraus, die „Unzucht, Diebstahl, …" beinhalten!

2. Nachdem über den Bibeltext und die Beispiele aus der Zeitung gesprochen worden ist, lesen einzelne Schülerinnen oder Schüler die „Manchmal"-Texte von M 11.5 vor. Diese Texte erscheinen vielleicht extrem und brutal, sind aber in ähnlicher Form von Schülern einer 6. Klasse formuliert worden. Sie sollen signalisieren, daß es erlaubt ist, ja gewünscht wird, solche **verborgenen Gedanken** zuzulassen und zum Ausdruck zu bringen. Sie sollen dazu anregen, eigene Gedanken dieser Art zu erkennen und zu formulieren. Die Aufgabe des/der Unterrichtenden ist es, alles **ohne Wertung** zuzulassen und anschließend **Wege zur Konfliktbewältigung** aufzuzeigen.

Beispiel:

Ein Schüler, Klasse 5, schreibt:

Manchmal wünsche ich mir, daß mein kleiner Bruder die Treppen runterfällt und tot ist, oder daß er vom Auto überfahren wird. Der kriegt immer alles von meiner Mutter, wenn er nur ein bißchen jammert. Zu mir sagt sie immer: „Du bist doch der Große, du mußt doch vernünftig sein!" Ich will aber, daß sie auch mal was mit mir macht und mir so viele Geschenke mitbringt wie meinem Bruder. Das find' ich voll gemein!

In diesem Fall wurde nach einem Gespräch mit dem Schüler und dessen Einverständnis die Mutter eingeschaltet. Die Familie hat sich entschlossen, die Familienberatung in Anspruch zu nehmen.
Bei Konflikten mit Kollegen/Kolleginnen wurden diese zur Aussprache in den Unterricht gebeten.

Vom Haben, Verlieren und Geschenktkriegen

M 12.1

Meine Sachen:

Das ist mein …	Das ist …	Das …

Deine Sachen:

Das ist dein …	Das ist …	Das …

Unsere Sachen:

Das sind unsere …	Das sind …	Das …

Vom Haben, Verlieren und Geschenktkriegen

L 12.1

Verwendungsmöglichkeiten von M 12.1:

In den Klassen 3 und 4 steht die Darstellung von „mein – dein – unser" im Vordergrund, während bei den Klassen 5 und 6 bereits die Auseinandersetzung der Definition des Selbstwertgefühls über den Besitz der wesentliche Aspekt sein sollte.

1. Beispiel für Kl. 3/4:

    Einstieg über **gelenkte Fantasie**:
    Du gehst in Gedanken nach Hause in dein Kinderzimmer.
    Dort schaust du dich genau um. Betrachte alle Dinge, die sich darin befinden. Öffne auch die Schränke und die Schubladen. Wenn du dich lange genug umgesehen hast, nimmst du drei Dinge aus deinem Zimmer mit, die du besonders magst.
    Du bringst sie mit hierher in die Schule.

    Die Kinder **sprechen** – wenn sie möchten – über ihre Fantasie und **malen** anschließend die Dinge in die vorgesehenen Kästchen. Sie schauen sich bei ihren Klassenkameraden um und fragen, was ihnen wichtig ist. Sie stellen die Fragen: „Warum magst du das besonders?" Sie überlegen, ob es Dinge gibt oder geben könnte, die ihnen gemeinsam gehören oder gehören könnten. (Vielleicht bringt jemand einen Ball zum Spielen für alle mit, oder ein Hüpfseil, ein Gummitwist, Stelzen . . .) Es wird darüber gesprochen, wie die Dinge, die allen gehören sollen, verwaltet und benutzt werden sollen.

    Weitere Anregungen:
    - Einen Flohmarkt veranstalten, bei dem Spielsachen ausgetauscht werden.
    - Einen Flohmarkt veranstalten, bei dem Dinge, die nicht mehr gebraucht werden, verkauft und der Erlös einem guten Zweck zugeführt werden.
    - Spielsachen für ein Waisenhaus sammeln.

2. Beispiel für Klasse 5/6:

    Einstieg über **Geschichte**:
    Stell' dir vor, dein Vater oder deine Mutter bekäme in Amerika einen Traumjob angeboten und eure Familie würde auswandern.
    Du darfst nur drei Sachen mitnehmen, weil das Gepäck sonst zu schwer wird. Was nimmst du mit?
    Die Schülerinnen und Schüler **malen** die Gegenstände in die drei Rubriken für „Meine Sachen". Sie dürfen auch einen **Katalog zum Ausschneiden** der Dinge benutzen.
    Im Kreisgespräch wird darüber geredet. Die Bewunderung für die Besitzer allseits begehrter Gegenstände wie Fernseher, Videogerät, Stereoanlage, Computer, usw. wird deutlich.
    Danach wird in die Rubrik „Deine Sachen" geschrieben oder gemalt, welche Dinge, die der andere besitzt, **besonders begehrenswert** erscheinen.
    Im Lehrer-Schüler-Gespräch wird eine **Liste der Hits an der Tafel** erstellt. Welche Dinge sind am begehrtesten? Warum?

    Unter der Rubrik „Unsere Sachen" können Dinge gesammelt werden, die **allen zur Verfügung** gestellt werden sollen. Dabei können die Schülerinnen und Schüler zunächst von Wünschen ausgehen (Stereoanlagen, Computer, . . .) und dann **Wege der Realisation** überlegen (Förderverein, Antrag an Schulleitung, SV, Väter und Mütter fragen, einzelne Teile zusammentragen . . .).

Vom Haben, Verlieren und Geschenktkriegen

Alles ist anders

Christian ist traurig. Seine Eltern haben sich getrennt. Er muß mit seiner Mutter in eine neue Stadt ziehen. Dort kennt er niemanden. Seine Freunde haben ihn bald vergessen. Die Großeltern, Onkels und Tanten wohnen weit weg. Christian ist einsam.

Er hatte schlimme Dinge erlebt. Die Eltern hatten sich immer häufiger und immer lauter miteinander gestritten. Christian hatte gesehen, wie der Vater die Mutter verprügelt hatte, bis sie blutete. Die Mutter hatte dann mit einer Blumenvase nach Vater geschmissen und die Fensterscheiben zertrümmert. Die Polizei war gekommen. Alle Nachbarn hatten sich im Treppenhaus versammelt. Sie hatten mit den Köpfen geschüttelt und leise miteinander getuschelt. Manchmal hatte ihm eine Nachbarin dann eine Mark in die Hand gedrückt und freundlich gesagt: „Hier, mein armer Junge, kauf dir ein Eis. Du hast ja zu Hause auch nichts Schönes." Dann wäre Christian am liebsten im Erdboden versunken oder hätte sich in Luft aufgelöst. Oft hatte er nachts wach im Bett gelegen und leise vor sich hingeweint, ständig voller Angst, daß die Eltern sich wieder streiten, ja sich vielleicht sogar gegenseitig umbringen würden. Was würde dann aus ihm? Christian hatte sich in der Schule nicht mehr konzentrieren können. Was die Lehrerin gesagt hatte, rauschte einfach so an ihm vorbei. „Christian, was ist denn mit dir los?", hatte sie ihn oft gefragt. „Du träumst ja!" Ja, er hatte geträumt. Angstträume.

Und jetzt schienen sie Wirklichkeit zu werden. Er ist allein. Er hat niemanden mehr. Keine Freunde, keine Klassenkameraden, keinen Vater, nicht einmal seine Mutter hat er noch. Die geht den ganzen Tag arbeiten. Die neuen Klassenkameraden haben alle schon ihre festen Freunde, und Christian wird mißtrauisch und zurückhaltend betrachtet. Im Kinderhort gibt es niemanden, der sich für ihn interessiert.

Vom Haben, Verlieren und Geschenktkriegen

M 12.2 b

Fortsetzung: Alles ist anders

34 Eines Tages soll in der Schule ein Fußballspiel zwischen den
35 beiden vierten Klassen ausgetragen werden. Die Mann-
36 schaftsaufstellung steht schon lange fest. Christian soll
37 nicht mitspielen, obwohl er ein hervorragender Torwart ist.
38 Aber das weiß hier ja keiner. Alle denken, Christian könne
39 überhaupt nichts mit einem Ball anfangen.
40 Aber an diesem Tag kann er es ihnen beweisen. Frank, der
41 Torwart der 4a, ist überraschend krank geworden. Es gibt
42 keinen Ersatz für ihn, und das Spiel droht ins Wasser zu
43 fallen.
44 Da meldet sich Christian. „Ich gehe ins Tor", sagt er.
45 In der nächsten Woche steht in der Schulzeitung:
46 „Christian F. aus der 4a glänzte durch seinen unermüd-
47 lichen Einsatz und sein überzeugendes Können. Er ist ein
48 vielversprechendes Talent, und der Verein, der ihn als Tor-
49 wart bekommt, kann sich glücklich schätzen."
50 Von nun an ist Christian der Star. In jeder Pause spielt er
51 auf dem Schulhof mit den anderen Fußball. Die Mädchen
52 werfen ihm interessierte Blicke zu, und seine Leistungen in
53 der Schule werden zusehends besser. Seine Mutter findet
54 wieder einen Freund, der viel mit Christian unternimmt.
55 Christian hat sogar den Eindruck, daß er sich viel liebevoller
56 um ihn bemüht als sein eigener Vater. Samstags geht er
57 mit ihm angeln oder zeigt ihm, wie man mit dem Lötkolben
58 umgeht. Er unterstützt ihn beim Fußballspielen und trö-
59 stet ihn, wenn ihm etwas nicht so gut gelingt.
60 Auch die Mutter ist jetzt wieder fröhlich. Christian meint,
61 sie sei sogar fröhlicher als je zuvor. Übermütig tobt sie oft
62 mit ihm herum und lacht sich krank, wenn Christian ihr
63 Witze erzählt. Sie geht jetzt nicht mehr arbeiten. Mutters
64 Freund verdient genug Geld für alle, sogar so viel, daß sie in
65 ein hübsches kleines Haus mit Garten ziehen können. Chri-
66 stian ist glücklich. Er denkt: „Das hätte ich nie gedacht,
67 daß es mir noch mal so gutgeht." Und er betet: „Lieber
68 Gott, mach, daß alles so bleibt wie jetzt."

Vom Haben, Verlieren und Geschenktkriegen

L 12.2 a/b

Verwendungsmöglichkeiten von M 12.2 a/b:

1. Die Geschichte bis „Im Kinderhort gibt es niemanden ..." **vorlesen**.
   Tafelanschrieb: Was Christian alles verloren hat
   - die Familie
   - die vertraute Umgebung
   - die Freunde und Verwandten
   - seine Fröhlichkeit
   - seine Schule und Klassenkameraden
   - seine Geborgenheit

   Es ist notwendig, ausführlich über die Geschichte zu **reden** und alle Fragen zuzulassen, da das Thema „Scheidung" die Kinder erfahrungsgemäß sehr beschäftigt. „Was wird mit mir, wenn meine Eltern sich trennen? ist die wichtigste Frage. Am Beispiel Christians können die Kinder sich ihre diffusen Ängste bewußt machen.
   Sie können überlegen, wie die Geschichte weitergehen könnte.
   Die Lehrerin/der Lehrer liest die Geschichte bis zum Ende vor. Das Happy-End soll zeigen, daß trotz aller Verluste und Hoffnungslosigkeit Neues entstehen kann, das das Leben wieder lebenswert macht.
   Möglicherweise erzählen aber auch einige Kinder Geschichten, die nicht so gut ausgegangen sind. Diese Geschichten sollen nicht beschönigt werden. Sie bleiben daneben stehen.

2. Die Geschichte kann in zwei Abschnitten vorgelesen werden.
   1. Abschnitt bis „... niemanden, der sich für ihn interessiert." Lehrerimpuls: **Wer spielt den Christian und erzählt noch mal aus seiner Sicht, was passiert ist? Bildergeschichte** dazu malen lassen (Gruppenarbeit).
   2. Abschnitt ab: **„Eines Tages soll in der Schule ...". Ein Mitschüler erzählt was über Christian. Wer möchte der Mitschüler von Christian sein?**
   Fortsetzung der Bildergeschichte. Es entsteht ein kleines Büchlein, auf jeder Seite befindet sich ein Bild mit wenig Text.

Da gewinnt Christian eine Million im Lotto.

Er macht Luftsprünge.
Jetzt mögen ihn die anderen.
Alles wird wieder gut.

Vom Haben, Verlieren und Geschenktkriegen

Ein krebskranker Junge aus Tschernobyl erzählt:

Ich bin schon seit einem halben Jahr hier im Krankenhaus. Ich wurde mehrere Male operiert und habe große Schmerzen beim Atmen.

Meine Freunde haben mich lange nicht mehr besucht. Sie haben jetzt Schulferien und gehen jeden Tag schwimmen. Sie haben keine Lust, hier bei mir im Krankenhaus zu sitzen. Hier kann man nichts anfangen. Es ist langweilig. Es gibt überhaupt keine Beschäftigung. Ich liege den ganzen Tag im Bett und starre an die Decke. Die einzige Abwechslung besteht darin, daß ich ab und zu untersucht und geröntgt werde. Die Schwestern und Ärzte sind nett, aber sie haben wenig Zeit. Ich habe niemanden, mit dem ich mich einmal so richtig unterhalten könnte. Ich denke darüber nach, was aus mir werden wird, ob ich den nächsten Sommer noch überlebe.

Am liebsten wäre ich manchmal tot, dann brauchte ich die Schmerzen, die Langeweile und die Ungewißheit nicht mehr zu ertragen.

Aber was kommt nach dem Tod? Ich habe Angst, meine Familie zu verlieren, ganz allein zu sein.

Vom Haben, Verlieren und Geschenktkriegen

L 12.3

Verwendungsmöglichkeiten von M 12.3:

Der Bericht dieses Jungen ist ein Tatsachenbericht, der uns hilflos erscheinen läßt. Ein unschuldiges Kind als Opfer einer unbeherrschbaren Technologie, ein Beispiel für die zahlreichen Bedrohungen, denen wir in unserer heutigen Zeit ausgeliefert sind. Bei dem Jungen ist die Bedrohung zur Realität geworden, zu seinem Schicksal. Er wünscht sich zeitweise den Tod, aber was kommt danach?

Der Text sollte von der Lehrerin/dem Lehrer **vorgelesen** werden (ab Kl. 4). Die Schülerinnen und Schüler sollen sich anschließend **frei dazu äußern**. Auch hier wird wieder die Frage auftauchen: **Wie kann Gott das zulassen?**

Mögliche Fragen zum Text:

1. Was würde dieser Junge sich wünschen? Nenne mindestens fünf Wünsche!
2. Worauf hofft dieser Junge?
3. Was ist für ihn wichtig?

Weitere Anregungen:

- **Ältere Menschen** erzählen von ihren Leidenserfahrungen.
  Sie teilen uns mit, was ihnen ihr Leiden „gebracht" hat.

- Kinder fragen in ihrer **Familie**, welche Leidenserfahrungen dort gemacht wurden.
  Wie wurde damit umgegangen?

- **Fotos aus Illustrierten sammeln**, die leidende Menschen darstellen. Sich Geschichten dazu ausdenken.

- **Eigenes Leiden** in Farben ausdrücken, ggf. darüber sprechen.

- **Kerzen anzünden** für die Leidenden bei uns und in der ganzen Welt.
  Jedes Kind sagt einen Satz der Fürbitte.

Vom Haben, Verlieren und Geschenktkriegen

M 12.4

Was Hiob alles besitzt:

sieben Söhne	drei Töchter	siebentausend Schafe
und siebentausend Ziegen	tausend Rinder	fünfhundert Esel
viele Knechte	und viele Mägde	

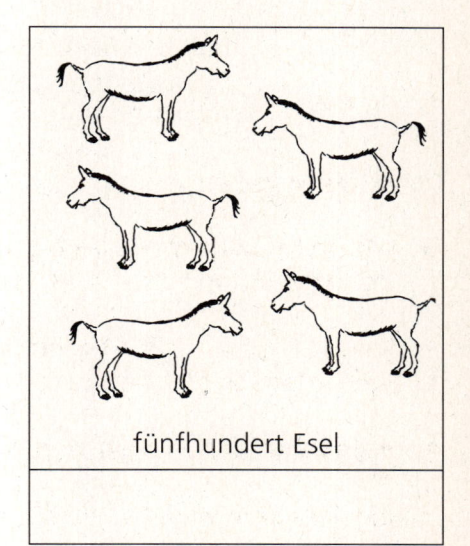

sieben Söhne,
drei Töchter,
siebentausend Schafe,
und Ziegen,
tausend Rinder,
fünfhundert Esel,
viele Knechte und Mägde.

Vom Haben, Verlieren und Geschenktkriegen

M 12.5

Wozu noch leben?

Ich möchte wissen,
warum mich meine Mutter geboren hat!
Wäre ich doch gleich bei meiner Geburt gestorben
oder noch besser, im Bauch meiner Mutter!
Hätte sie mich doch verhungern lassen als Baby!
Dann könnte ich jetzt in Ruhe in meinem Grab liegen und
hätte nicht solche Sorgen!
Warum macht Gott die Menschen
und läßt sie dann so leiden wie mich?
Wäre ich nur endlich tot!
Ich weiß nicht, was aus mir noch werden soll.
Ich fühle mich so gefangen und hilflos.
Seit Wochen habe ich keinen Appetit und heule mir fast
die Augen aus.
Und es kommt immer noch schlimmer, als ich es erwarte!
Was ich befürchte, das passiert.
Jeder Tag bringt neues Unglück.

Vom Haben, Verlieren und Geschenktkriegen

M 12.6

NACKT bin ich auf die Welt gekommen,

NACKT geh' ich wieder von ihr fort.

DER HERR GIBT ALLES,

er kann es auch nehmen.

Ich will ihn preisen,

was immer er tut.

Hiob 1, 21

Vom Haben, Verlieren und Geschenktkriegen

L 12.4, 5, 6

Verwendung von M 12.4:

Um die Bedeutung des Verlustes für Hiob erkennen zu können, muß deutlich gemacht werden, welch großen Besitz er hatte. Die **Bilder** dienen den jüngeren Kindern zur Veranschaulichung. Sie können **ausgeschnitten** und mit Pappe verstärkt auf eine Unterlage geklebt werden. Gruppenarbeit.

Verwendung von M 12.5:

Der Text „Wozu noch leben?" ist der Versuch einer sprachlichen Übertragung der Hiobsklage.
Das Arbeitsblatt könnte mit folgendem **Auftrag** versehen werden:

1. Lies den Text genau durch!
   Worüber beklagt sich Hiob?
   Schreibe auf!

2. Stell dir vor, du seist Hiob!
   Erzähle den anderen deine Klage!

Hilfsmittel zu 2.: großes **Tuch** zum Umhängen und Verstecken.

3. Gibt es Dinge, über die du dich
   beklagen möchtest?
   Schreibe sie auf!
   Du kannst sie den anderen vorlesen oder sie im stillen Gott sagen.

Weitere Anregung:
Klagemauer. Klagen, die die Klasse betreffen, ans Pinbrett heften.
Überlegen, wie weiter damit umgegangen werden soll.

Verwendung von M 12.6:

Der Text von M 12.6 bezeichnet den Zustand des Sich-Fügens bei Hiob: „Der Herr gibt alles, er kann es auch nehmen." Hiob hat die Einsicht gewonnen, daß er keine Ansprüche stellen kann. Vor diesem Hintergrund könnte der Text mit folgenden **Arbeitsanweisungen** versehen werden:

1. Was hat Gott Hiob alles genommen?
2. Wie verhält sich Hiob jetzt?
   Kannst du das verstehen?

Hinweis: Bei der anschließenden Besprechung der Fragen taucht häufig die Frage auf:
Warum tut Gott so etwas? Ich denke, er ist lieb!

Vom Bitten und Danken

M 13.1

Worum wir bitten

- ❏ daß die Eltern sich nicht scheiden lassen
- ❏ daß Opa nicht stirbt
- ❏ daß der verschwundene Hamster wieder auftaucht
- ❏ daß ich die neuen Turnschuhe bekomme
- ❏ daß ich gesund bleibe
- ❏ daß meine Mutter nie stirbt
- ❏ daß daß ich nur Einsen im Zeugnis habe
- ❏ daß wir uns nicht streiten
- ❏ daß die Umweltzerstörung aufhört
- ❏ daß es keinen Krieg mehr gibt
- ❏ daß die Menschen nicht hungern müssen
- ❏ daß meine Freundin/mein Freund nur mich mag
- ❏ daß wir keine Hausaufgaben aufbekommen
- ❏ daß . . .

Wonach wir suchen

- ❏ nach Abwechslung
- ❏ nach Spaß
- ❏ nach anderen Menschen
- ❏ nach Vergnügen
- ❏ nach Freude
- ❏ nach Frieden
- ❏ nach schönen Klamotten
- ❏ nach guten Filmen
- ❏ nach netten Freunden
- ❏ nach Liebe
- ❏ nach Anerkennung
- ❏ nach Ruhe
- ❏ nach . . .

Wo wir anklopfen

- ❏ bei den Nachbarn
- ❏ bei Freunden
- ❏ bei Ämtern
- ❏ bei den Eltern
- ❏ bei . . .

Vom Bitten und Danken

L 13.1

Grundlage von M 13.1 ist der Text aus Lk. 11, 5–13:

„Bittet, so wird euch gegeben,
suchet, so werdet ihr finden,
klopfet an, so wird euch aufgetan."

Verwendungsmöglichkeiten von M 13.1:

1. Die SchülerInnen **kreuzen an**, was für sie zutrifft und ergänzen. Sie formulieren ihre Bitten und Wünsche in kleine **Gebete** um, z.B.:

   Ich bitte darum, daß ich gesund bleibe.

   Ich möchte nette Freunde finden.

   Ich wünsche mir, daß die Eltern immer eine offene Tür für mich haben.

   Die Wünsche und Bitten werden auf kleine Kärtchen geschrieben und an einen **„Wunschbaum"** gehängt. Dies geschieht in einem **Ritual**, bei dem jedes Kind 2–3 Kärtchen vorliest, bevor es sie hinhängt.
   Im **Gespräch** kommen anschließend auch Zweifel über die Richtigkeit des Bibelspruches zum Ausdruck:
   Bekomme ich alles, worum ich bitte?
   Ich finde nicht immer, was ich suche.
   Viele Türen bleiben mir verschlossen.
   Sinnvolle **Weiterführung**: M 13.2 Vaterunser: Worum wir bitten sollen.

2. Ältere SchülerInnen können die vorgeschlagenen Bitten und Wünsche von M 13.1 folgendermaßen differenzieren:

Dazu kann ich selbst etwas beitragen:
- Ich kann den verschwundenen Hamster suchen.
- Ich kann für die neuen Turnschuhe sparen.
- Ich esse Obst, Gemüse und Salat und gehe an die frische Luft, damit ich gesund bleibe.
- Ich passe in der Schule auf und lerne so viel ich kann.
- Ich gebe keinen Anlaß zum Streit und bemühe mich um Verständnis.
- Ich trage zum Umweltschutz bei, indem ich z.B. keine Alufolie zum Broteinpacken verwende.
- Ich versuche, mit jedem gut auszukommen, damit es keinen Krieg gibt.
- Ich kaufe Produkte im Eine-Welt-Laden.
- Ich rede mit den Lehrern und Mitschülern und beteilige mich an der Schulkonferenz, weil ich möchte, daß die Hausaufgaben abgeschafft werden.

Daran kann ich nichts ändern:
- daß die Eltern sich scheiden lassen,
- daß Opa stirbt,
- daß Mutter stirbt,
- daß ich vielleicht doch krank werde,
- daß mein Freund/meine Freundin auch eine(n) andere(n) mag.

Was steckt hinter meiner Bitte?
(Ängste, Befürchtungen)

Vom Bitten und Danken

M 13.2

Bittet, so wird euch gegeben (nach Lk. 11, 5–13)

Jesus sagt:
Bittet, und ihr werdet bekommen.
Sucht, und ihr werdet finden.
Klopft an, und man wird euch öffnen.
Denn wer bittet, der wird bekommen;
wer sucht, der wird finden;
und wer anklopft, dem wird geöffnet.

Jesus sagt:
Das soll euer Gebet sein:
Vater unser im Himmel,
geheiligt werde dein Name.
Dein Reich komme.
Dein Wille geschehe
wie im Himmel so auf Erden.
Unser tägliches Brot gib uns heute,
und vergib uns unsere Schuld,
wie wir vergeben unseren Schuldigern.
Und führe uns nicht in Versuchung,
sondern erlöse uns von dem Bösen,
denn dein ist das Reich und die Kraft
und die Herrlichkeit
in Ewigkeit.
Amen.

(Lk. 11, 1–4)

Worum wir bitten

Wir bitten darum, daß …
_____
HERR, DEIN WILLE GESCHEHE!

Wir bitten …
_____
HERR, DEIN WILLE GESCHEHE!

Wir bitten …
_____
HERR, DEIN WILLE GESCHEHE!

Vom Bitten und Danken

L 13.2

Verwendungsmöglichkeiten von M 13.2:

1. Die **Bitten** des Vaterunser **unterstreichen:**
   - Geheiligt werde dein Name.
   - Dein Reich komme.
   - Dein Wille geschehe.
   - Unser tägliches Brot gib uns heute.
   - Vergib uns unsere Schuld.

   Eigene **Bitten formulieren** (Heft, Wandzeitung oder Collage):

   z.B.: *Ich möchte gesund bleiben.*
   Ich möchte, daß es keinen Krieg gibt.
   Ich möchte nur Einsen im Zeugnis haben.
   Ich möchte, daß alle mich mögen.

   Gespräch: Vergleiche zwischen den Bitten des Vaterunsers und unseren Bitten.
   Schwerpunkt: Inwieweit sind unsere eigenen Bitten in den Bitten des Vaterunsers enthalten?
   Welche Bitten entspringen unseren Ängsten?

2. **Verständnisfragen formulieren,** mögliche Antworten finden **(Partnerarbeit),**
   z.B.: Was ist der Wille Gottes
   Will Gott, daß Menschen im Krieg umkommen?
   Kann er das nicht verhindern, wenn er allmächtig ist?

   Die Schülerinnen und Schüler arbeiten selbständig. Sie können **Religionsbücher, Bibel** und **Konkordanz,** usw. benutzen.
   Die Ergebnisse werden in Form von kleinen **Referaten** (ab Kl. 5) vorgetragen. **Overheadprojektor** darf benutzt werden.
   Wichtig: Struktur des Referates gemeinsam besprechen, bzw. vorgeben!

3. Der Text nach Lk. 11, 5–13 knüpft an M 13.1 an.

   Er wird in M 13.2 mit dem Vaterunser in Verbindung gebracht:
   - Worum wir bitten, worum wir bitten sollen.
   - Was wir suchen, wonach wir suchen sollen.
   - Wo wir anklopfen, wo wir anklopfen sollen.

   Gruppenarbeit: Ausarbeitung eines Textes, der sich aus M 13.1 ergibt und durch M 13.2 fortgeführt wird, z.B.:

   Wir bitten darum, daß wir gute Noten haben, daß unsere Eltern sich nicht scheiden lassen, daß wir gesund bleiben.

Die Gruppenarbeit dient der **Vorbereitung eines Rituals,** bei dem alle im **Kreis** stehen.
Die Zettel mit den Bitten werden in die Mitte gelegt, nachdem sie von einzelnen SchülerInnen vorgelesen worden sind. Danach sagen alle im Chor: „Gott, dein Wille geschehe!"

Vom Bitten und Danken

M 13.3

Jesus zog sich auf einen Berg zurück, um zu beten (Lk. 6, 12)

Wenn es still ist
Wir sitzen in der Klasse auf unseren Plätzen,
legen den Kopf auf die Arme und schweigen fünf Minuten lang.
Danach gehen wir nacheinander hinaus auf den Schulhof und verteilen uns dort so, daß jeder für sich allein ist.
Während der gesamten Zeit darf keiner mit dem anderen sprechen, auch nicht durch Zeichen oder Mimik.
Jeder bleibt etwa eine Viertelstunde allein mit sich selbst,
schließt möglichst die Augen und versucht, in sich hineinzuhören.

Orte der Stille – Orte des Gebetes
Dachboden, Keller, Friedhof, Baumhaus, Flußufer, Garten, See, Feld, ...

Vom Bitten und Danken

L 13.3

Verwendungsmöglichkeiten von M 13.3:

1. **Stilleübung**, wie auf M 13.3 beschrieben.
   Anschließend schreiben die SchülerInnen gleich ihre Gedanken auf. Wer danach möchte, kann seine Eindrücke im **Sitzkreis** erzählen.

   Beispiele:
   - Daniel, dessen Eltern seit drei Jahren geschieden sind, erzählt: Ich habe meine Eltern auf einer grünen Wiese gesehen. Sie und ich in der Mitte sind wie in Zeitlupe fröhlich über die Wiese geschwebt. Es war wie im 7. Himmel!
   - Marc: Ich habe vor meinem inneren Auge einen Zeichentrickfilm gesehen. Den hatte ich so ähnlich schon mal im Fernsehen gesehen. Aber jetzt war er ganz anders: Alle sind freundlich miteinander umgegangen, niemand hat den anderen niedergeschlagen oder verletzt. Das hat mich irgendwie so ruhig gemacht.
   - Nicole: Ich habe an einen Igel gedacht. Der war letzte Woche bei uns im Garten. Wir haben ihn gefüttert. In meiner Vorstellung ist der Igel ganz schnell weggelaufen. Er hatte eine Wunde am Beinchen. Ich habe mir vorgestellt, ich bin selbst der Igel.

   Die Lehrerin/der Lehrer läßt die Schilderung der inneren Eindrücke unkommentiert stehen. Die meisten Bilder sprechen für sich, und das wird auch von den Kindern so empfunden. In einigen Fällen können die Schilderungen wertvolle Hilfen sein, um das Verhalten eines Kindes besser zu deuten. In jedem Fall muß der Lehrer/die Lehrerin sehr behutsam mit diesen intimen Äußerungen umgehen, und auch die gesamte Gruppe muß sich vor einer solchen Übung dazu verpflichten, **Stillschweigen zu bewahren.** Macht man solche Übungen öfters, geben die Kinder häufig untereinander Kommentare ab, ziehen Vergleiche zu vorher erzählten Bildern und zeigen schließlich auch eine große Achtung voreinander, weil sie einen Einblick in das umfangreiche und vielfältige Seelenleben der anderen bekommen.

2. Aus den Eindrücken werden anschließend **Gebete formuliert,** die Dank und Bitte ausdrücken, z.B.:

   Lieber Gott, ich habe meine Eltern gesehen, wie wir alle zusammen glücklich miteinander waren. Es war wie im 7. Himmel. Bitte, laß uns als Familie wieder glücklich sein.

   Die Gebete werden im **Kreis** vorgetragen.
   Sie können in einem **Gebetbuch** festgehalten werden.

Vom Bitten und Danken

M 13.4

Gebet eines Schülers nach Psalm 69

Gott, hilf mir!
Das Wasser steht mir bis zum Hals.
Ich habe keinen Grund mehr unter den Füßen.
Müde und heiser bin ich vom vielen Weinen.
Ich weine darüber, daß alle mich hassen.
Es gibt keinen Menschen, der mich versteht!
Und du, Gott, bist so weit weg!
Ich weiß nicht, was ich falschgemacht habe,
warum mich alle hassen.
Verlaß wenigstens du mich nicht, Gott!
Meine Eltern und Geschwister,
keiner von ihnen versteht mich, niemand liebt mich!
Die anderen Leute machen sich über mich lustig
und reden schlecht über mich.
Meine Klassenkameraden tuscheln hinter vorgehaltener
Hand über mich und machen sich lustig.
Ich bitte dich, Gott, weil du der einzig Gute bist,
der mir bis jetzt immer geholfen hat,
hilf mir, daß ich nicht kaputtgehe!
Höre auf meine Bitten und schau mich an, Gott!
Du bist mein einzigster Trost!
Ich habe Angst und bin gekränkt!
Zeig es denen, die mich verspotten und mich demütigen!

Zahl es ihnen heim! Es soll ihnen richtig dreckig gehen!

Ach, mir ist so elend zumute!
Schütze mich, Gott!
Ich verspreche dir, ich will alles für dich tun,
wenn du mir hilfst.
Ich will dir ewig dankbar sein und überall von dir erzählen.
Ich verlasse mich auf dich, Herr.
Du hast dich schon immer um die Armen und Elenden
gekümmert. Und wer dich sucht, wird leben.
Ich bin voller Hoffnung, Gott, daß du mir hilfst.
Du wirst mir helfen, daran glaube ich fest und danke dir von Herzen!

Vom Bitten und Danken

L 13.4 a

Verwendungsmöglichkeiten von M 13.4:

M 13.4 eignet sich für Schülerinnen und Schüler, die in der Pubertät sind. Das typische Gefühl des Nichtverstanden- und Geliebtwerdens wird darin ausgedrückt. Der eigene Seelenzustand wird dargestellt, die Wut über das Verhalten der anderen hinausgeschrien. Gott wird als die einzige Zuflucht erkannt.

1. Das Gebet kann als Anregung verstanden werden, **einzelne Sätze herauszugreifen und näher auszuführen**, z.B.:
   „Ich weine darüber, daß alle mich hassen."

   Eine Schülerin, Kl. 6, schreibt:

   > Wenn ich morgens in die Schule komme, habe ich schon das Gefühl, daß alle gegen mich sind. Die anderen Mädchen stehen zusammen und tuscheln, die Jungs machen sich über meine Klamotten lustig. Auch die Lehrer können mich nicht ausstehen. Herr M. grinst immer so doof, wenn er mich sieht.

   „Zeig es denen, die mich verspotten und demütigen."

   Ein Schüler, Kl. 6, schreibt:

   > Ich wünsche mir, daß A. einmal so richtig die Fresse vollkriegt, daß es ihm einmal so geht wie mir immer, wenn er mich nicht in Ruhe läßt. Er ist ein verdammter Angeber und meint immer, er wäre der Größte und könnte alles bestimmen. Ich will mich nicht immer von ihm rumkommandieren lassen!

   Voraussetzung für solche Äußerungen ist natürlich ein gutes **Vertrauensverhältnis** in der Gruppe. Äußerungen dieser Art müssen immer mit großer Vorsicht behandelt werden und dürfen nicht ohne Zustimmung des Schülers/der Schülerin nach außen getragen werden. Wenn es aber gelingt, daß SchülerInnen sich in dieser Art äußern, bietet dies für den Lehrer/die Lehrerin vielfältige Gesprächsanlässe und Möglichkeiten des Eingehens auf spezielle Konflikte von SchülerInnen. Die Lehrerin/der Lehrer wird an dieser Stelle **Berater und Vermittler von Hilfsangeboten**.

2. Das Gebet kann helfen, **eigene Hilferufe in eine Form zu bringen**. Soll eine gewisse Distanz gewahrt bleiben, ist es auch möglich, SchülerInnen in Gruppen arbeiten und viele Hilferufe zu einem Gebet verschmelzen zu lassen!

Vom Bitten und Danken

L 13.4 b

Beispiel einer Gruppe, Kl. 6:

Gott, hilf uns! Wir wissen nicht mehr, wie es mit uns weitergehen soll.
Jeden Tag lesen wir neue schlimme Nachrichten über Naturkatastrophen.
Wir haben schon so vieles versucht, was nichts genutzt hat.
Die Erwachsenen und die Politiker versprechen viel und halten sich an nichts.
Es ist so hoffnungslos!
Und unsere Eltern tun so, als ginge sie das alles nichts an. Sie sprechen über belanglose Dinge und kümmern sich um dumme Sachen, während immer mehr Bäume sterben und unsere Welt zugrunde geht.
Wir wünschen uns, daß einmal etwas passieren würde,
daß alle mit einemmal hellwach sind.
Irgend etwas müßte die Leute wachrütteln!
Wir haben Angst vor all den Folgen der Katastrophen.
Wir haben Angst, daß es schlimme Stürme und Unwetter gibt.
Wir versprechen dir, wir wollen alles für dich tun, wenn du uns hilfst.
Wir wollen dir ewig dankbar sein und überall von dir erzählen.
Wir verlassen uns auf dich, Herr.
Wir sind voller Hoffnung, daß du uns hilfst.
Du wirst uns helfen,
daran glauben wir fest und danken dir von Herzen!

Die Gebete werden in **schöner Form aufgeschrieben** und in einem Buch gesammelt.

Verwendete Zeitungsausschnitte, Fotos, Bilder aus Illustrierten dienen zur **grafischen Gestaltung.**

© Konkordia Verlag GmbH, 77815 Bühl

Gott, ich suche dich

M 14.1

Rollenspiel: Die Arbeiter im Weinberg

Personen: Weinbergbesitzer
5 Arbeiter
3 weitere Arbeiter
3 weitere Arbeiter
3 weitere Arbeiter
Verwalter

Requisiten: große Uhr
14 gleiche Geldstücke (Schoko-Taler)

1. Szene
Der Weinbergbesitzer ruft die ersten 5 Arbeiter herbei, sagt ihnen, was sie tun sollen und einigt sich mit ihnen auf 1 Silberstück als Lohn für ihre Arbeit.

2. Szene
Der Weinbergbesitzer geht auf den Marktplatz. Die Uhr zeigt 9 Uhr.
Er ruft drei weitere Arbeiter zur Arbeit im Weinberg. Er sagt, daß er sie angemessen bezahlen werde.

3. Szene
Die Uhr zeigt 3 Uhr nachmittags an. Der Weinbergbesitzer geht wieder auf den Marktplatz und ruft drei zusätzliche Arbeiter herbei.

4. Szene
Es ist fünf Uhr.
Wieder ruft der Weinbergbesitzer drei Arbeiter, damit sie in seinem Weinberg arbeiten sollen.
Die Arbeiter gehen hin.

5. Szene
Sechs Uhr abends.
Der Weinbergbesitzer sagt zu seinem Verwalter, er wolle die Leute zusammenrufen und sie bezahlen.
Er solle bei denen, die er zuletzt eingestellt habe, anfangen. Jeder bekommt ein Silberstück.
Die Arbeiter, die zuerst eingestellt worden sind, beschweren sich, weil sie genausoviel bekommen wie die Arbeiter, die zuletzt eingestellt worden sind.
Der Weinbergbesitzer sagt, der Preis von einem Silberstück sei ausgemacht gewesen, und er wolle dem Letzten so viel geben wie dem Ersten.

- Besprecht, wie ihr die Rollen aufteilen wollt!
- Schreibt auf, was die einzelnen Personen zu sagen haben (wörtliche Rede)!
- Überlegt, wie ihr die ganze Klasse in das Spiel einbeziehen könnt! (Marktplatz!)
- Denkt euch aus, wie ihr euch verkleiden könnt und welche Hilfsmittel ihr noch benutzen könnt, um die Geschichte möglichst lebendig werden zu lassen!
- Eine(r) von euch soll Fotos mit der Sofortbildkamera machen.
- Bildet im Anschluß an euer Spiel zu jedem Foto eine Gruppe und schreibt einen Text dazu!
- Sprecht im Kreisgespräch über die Geschichte!
- Gefällt sie euch?

Gott, ich suche dich

L 14.1

Verwendungsmöglichkeiten von M 14.1:

Einsatz als **Rollenspiel**
Wörtliche Rede:

1. Szene:
Weinbergbesitzer: Kommt her, hier gibt es Arbeit für euch!
Ihr könnt in meinem Weinberg arbeiten und bekommt
als Lohn für eure Arbeit 1 Silberstück.
(5 Arbeiter)

2. Szene:
Weinbergbesitzer: Kommt her, hier gibt es Arbeit für euch! Ihr könnt in meinem Weinberg arbeiten und werdet einen angemessenen Lohn dafür erhalten. (3 Arbeiter, 9 Uhr morgens)

3. Szene:
Weinbergbesitzer: Kommt her, hier gibt es Arbeit für euch! Ihr könnt in meinem Weinberg arbeiten.
(3 Arbeiter, 3 Uhr nachmittags)

4. Szene:
Weinbergbesitzer: Kommt her, hier gibt es Arbeit für euch! Ihr könnt in meinem Weinberg arbeiten.
(3 Arbeiter, 5 Uhr nachmittags)

5. Szene:
Weinbergbesitzer: Verwalter, rufe die Leute zusammen, ich will sie für ihre Arbeit entlohnen. Rufe zuerst die, die zuletzt eingestellt wurden. Gib jedem ein Silberstück!
(6 Uhr abends)

Arbeiter, die zuerst eingestellt wurden: Das ist ungerecht, daß die anderen, die zuletzt eingestellt wurden, genausoviel kriegen wie wir!
Wir haben schließlich den ganzen Tag gearbeitet und die nur wenige Stunden!

Weinbergbesitzer: Es war so ausgemacht, daß ihr für eure Arbeit ein Silberstück bekommt.
Es ist meine Sache, wenn ich den anderen, die zuletzt kamen, genausoviel gebe wie euch!

Fotos vom Spiel und Gruppenbildung

Beispiel: Foto vom Weinbergbesitzer auf dem Markt beim Anheuern der 5 Arbeiter.

Schüler einer 5. Klasse schreiben folgenden **Text** dazu:

Es gibt viele Arbeitslose auf dem Markt. Sie haben kein Geld, um für sich und ihre Familien etwas zum Essen oder zum Anziehen zu kaufen. Sie sind arm. Sie warten darauf, daß einer kommt, der ihnen Arbeit gibt, damit es wenigstens für diesen Tag reicht. Der Weinbergbesitzer ist reich. Er hat die große Auswahl. Er sucht sich die besten Leute aus. Die Arbeiter sind froh, daß sie genommen wurden.

Eine andere Gruppe schreibt zu einem Foto von Szene 4:

Der Weinbergbesitzer ist schon den ganzen Tag auf dem Markt herumgeschlendert. Er hat viele Sachen eingekauft. Er sieht die Arbeiter, die die Hand nach ihm ausstrecken und um eine Gabe bitten, weil sie an diesem Tag nichts verdienen konnten. Der Weinbergbesitzer läßt sie in seinem Weinberg arbeiten. Dann brauchen sie nicht zu betteln.

Bilder und Texte werden in einem **Buch** zusammengestellt.

Gott, ich suche dich

M 14.2

So wird es sein, wo Gott ist (nach Ps. 35)

Die **Steppe** blüht.

Die **Blinden** sehen.

Die **Tauben** hören.

Die **Lahmen** springen.

Die **Stummen** jubeln vor Freude.

In der **Wüste** brechen Quellen auf.

Aus dem **glühenden Sand** wird ein Teich.

Die **Löwen** sind zahm und friedlich.

Hier ist alles anders als gewöhnlich. Wie ist es normalerweise?

Schreibe zu jedem dick gedruckten Wort einen Satz!
Wenn dir nichts dazu einfällt, kannst du vorher im Lexikon nachschlagen.

_____

_____

_____

_____

_____

_____

_____

_____

Gott, ich suche Dich

L 14.2

Verwendungsmöglichkeiten von L 14.2:

Die Sätze aus M 14.2 können zur Erweiterung des Liedes
„Gott ist da, wo Menschen lieben"
wie folgt verwandt werden:

Gott ist da, wo Steppen blühen, Gott ist da, wo die Steppe blüht.
Gott ist da, wo Blinde sehen, Gott ist da, wo gesehen wird.
Gott ist da, wo Taube hören, Gott ist da, wo hingehört wird.
Gott ist da, wo Lahme springen, Gott ist da, wo Bewegung ist.
Gott ist da, wo Stumme jubeln, Gott ist da, wo gejubelt wird.
Gott ist da, wo Quellen aufbrechen, Gott ist da, wo Wüste weicht.
Gott ist da, wo Löwen friedlich sind, Gott ist da, wo Friede ist.

Die SchülerInnen können solche Strophen **selbst dichten** und tun es oft während des Singens.

Lösungsmöglichkeiten für das Arbeitsblatt:

Die Steppe ist karg, sandig und steinig.
Die Blinden sehen nichts.
Die Tauben sind von ihrer Umwelt abgeschnitten, weil sie nichts hören.
Die Lahmen sind auf den Rollstuhl angewiesen.
Die Stummen können ihre Freude nicht mit ihrer Stimme zum Ausdruck bringen.
Die Wüste ist trocken und eintönig.
Der glühende Sand saugt jedes Wassertröpfchen auf.
Die Löwen reißen ihre Beute.

Blindsein, Taubsein, Lahmsein, Stummsein können
spielerisch dargestellt werden.

Gott, ich suche dich

L 14.3

Ideensammlung

- Kinder malen Bilder von Gott, erzählen im Kreis von ihren Vorstellungen.
- Fragen sammeln:
  Gibt es Gott überhaupt?
  Wo wohnt er?
  Wie sieht er aus?
  Wie ist er?
  Was tut er?
- Geschichten zur Beantwortung der Fragen verwenden:
  Vorlesebuch Religion.
- Die Geschichte vom verlorenen Sohn: Gott ist wie ein Vater.
- Gebet des Franz von Assisi „Gott hat keine Hände …"
- Eigene Gotteserfahrungen der Kinder: Geschichten schreiben.
- Was Erwachsene über Gott erzählen:
  Leute einladen.
- Lied: Gott ist da, wo Menschen lieben:
- Lied: Er hält die ganze Welt in seiner Hand,
  die Großen und die Kleinen,
  die Dicken und die Dünnen,
  die Starken und die Schwachen,
  die Klugen und die Doofen,
  die Reichen und die Armen.
- Gott ist in den Träumen: Die Geschichte von Josef.
- Gott ist in uns: Gelenkte Fantasie als Zugang zu inneren Bildern.
- Inneres durch Malen mit Wachsmalkreiden auf großen Blättern (Turnhalle!) bei Musik zum Ausdruck bringen.
- Gott zeigt sich in Jesus: Jesusgeschichten unter dem Aspekt der eingangs gesammelten Fragen betrachten.
- Gott ist auf die Welt gekommen: Weihnachten.

Jonas und der Walfisch

M 15

101

Jonas und der Walfisch – eine Bildergeschichte

L 15

Verwendungsmöglichkeiten von M 15:

1. **Streichholzschachtelgeschichte** wie bei M 17

2. **Das kleine Walfischbuch**
   Bilder richtig numerieren, ausschneiden und zum kleinen Buch (Buchdeckel als Walfisch mit Sägezähnen gestaltet) zusammenkleben.

3. Die Bilder als **„Drehbuch" für ein Rollenspiel** verwenden.

   - Bild 1 „Nein, ich geh' nicht."
   - Bild 2 „Tschüs, ich fahre nach Spanien."
   - Bild 3 „Hilfe, wir ertrinken."
   - Bild 4 „Jonas, du bist schuld." „Ich weiß."
   - Bild 5 „Hilfe!"
   - Bild 6 „Jonas, Gott hat uns geholfen."
   - Bild 7 „Danke, daß du mich gerettet hast."
   - Bild 8 „Ja, ich gehe."
   - Bild 9 „Ändert euch!"
   - Bild 10 „Ja, wir ändern uns und wollen nichts Böses tun."
   - Bild 11 „Ich habe Mitleid."
   - Bild 12 „Euch soll nichts Schlimmes geschehen."
   - Bild 13 „Warum hast du so viel Erbarmen mit den Menschen?"
   - Bild 14 „. . . weil ich die Menschen liebe."

Personen / Handlung

   - Bild 1 Gott / Jonas. Jonas weigert sich, nach Ninive zu gehen.
   - Bild 2 Jonas / Seeleute. Jonas geht an Bord eines Schiffes nach Spanien.
   - Bild 3 Seeleute / Jonas. Sturm, Hilferufe.
   - Bild 4 Seeleute / Jonas. Würfelspiele. Jonas wird beschuldigt.
   - Bild 5 Seeleute / Jonas. Jonas wird über Bord geworfen.
   - Bild 6 Seeleute. Sie beten Gott an.
   - Bild 7 Jonas im Walfisch. Führt Selbstgespräche.
   - Bild 8 Jonas / Gott. Jonas ist bereit zu gehen.
   - Bild 9 Jonas / Leute von Ninive. Jonas fordert sie auf, sich zu ändern.
   - Bild 10 Leute von Ninive. Unterhalten sich, bereuen ihre Taten.
   - Bild 11 Gott. Er drückt sein Mitleid aus.
   - Bild 12 Gott / Leute von Ninive. Gott teilt den Menschen mit, daß ihnen nichts Schlimmes geschehen soll.
   - Bild 13 Jonas / Gott. Jonas ist ärgerlich über den mitleidigen Gott.
   - Bild 14 Gott / Jonas. Gott sagt, daß er die Menschen liebt.

4. **Bilder** auseinanderschneiden, in der richtigen Reihenfolge **ins Heft kleben**, den **Handlungsablauf darunterschreiben**.

Josef, der Träumer

M 16 a

103

Josef, der Träumer

M 16 b

Josef, der Träumer – eine Bildergeschichte

L 16 a/b

Verwendungsmöglichkeiten von M 16 a/b:

1. **Streichholzschachtelgeschichte**
   Die Bilder werden der Reihe nach ausgeschnitten und leporelloartig aneinandergeklebt. Die Streichholzschachtel wird außen passend beklebt. Das erste Bild guckt ein Stückchen heraus, so daß man die Geschichte dran herausziehen kann.

2. **Kleines Josef-Büchlein**
   Bilder numerieren, ausmalen, ausschneiden und zum kleinen Buch (mit Buchdeckeln!) zusammenkleben.

3. **Geschichten-Memory**
   Bilder ausmalen und auf Pappe kleben, mit Schutzfolie überziehen. Alle Bilder liegen durcheinander auf einem Stapel. Reihum wird ein Bild gezogen und das Passende dazu erzählt. Wer nichts sagen kann oder will, gibt weiter.
   Variante: Eigene Geschichten zu den Bildern erfinden.

4. **Traumbuch**
   Die Bilder, die die Träume Josefs betreffen, herausnehmen, die Träume dazuschreiben lassen (Bibeltext). Eigene Träume auf gleichgroße Kärtchen malen und etwas dazuschreiben. Die Bilder können in eine Kladde geklebt werden, die dann privat als eigenes Traumbuch weiterverwendet werden kann.

Bedeutung der einzelnen Bilder:

1 – Josef ist der Liebling des Vaters.
2 – Josefs Traum: Die Ähren auf dem Feld beugen sich vor seiner Ähre.
3 – Josefs Traum: Sonne und Sterne verneigen sich vor ihm.
4 – Die Brüder werfen ihn in den Brunnen.
5 – Die Brüder verkaufen Josef an ägyptische Handelsleute.
6 – Die Brüder tränken Josefs Kleid mit Blut und bringen es dem Vater.
7 – Der Vater weint, weil er glaubt, daß Josef tot ist.
8 – Josef kommt als Sklave an den Hof Potifars.
9 – Die Frau des Potifar beschuldigt Josef.
10 – Josef im Gefängnis.
11 – Der Mundschenk erzählt seinen Traum im Gefängnis.
12 – Der Bäcker erzählt seinen Traum im Gefängnis.
13 – Potifar hat einen Traum.
14 – Josef deutet Potifars Traum.
15 – Josef heiratet und wird der 2. Mann im Staat.
16 – Josef legt große Kornvorräte an.
17 – Die Hungersnot treibt Josefs Brüder nach Ägypten.
18 – Die Brüder verbeugen sich vor Josef, ohne ihn zu erkennen.
19 – Josef wirft seine Brüder ins Gefängnis.
20 – Josef versteckt Geld in den Getreidesäcken
21 – Die Brüder bringen Benjamin mit nach Ägypten.
22 – Alle werden von Josef gastlich bewirtet.
23 – Josef versteckt seinen silbernen Becher in den Säcken.
24 – Josef läßt seine Brüder rufen.
25 – Josef gibt sich zu erkennen.
26 – Die Brüder gehen nach Kanaan, um die restliche Familie zu holen.
27 – Die ganze Familie zieht nach Ägypten.
28 – Josefs Familie siedelt sich in Ägypten an.

Wir brechen auf in die Freiheit

M 17.1

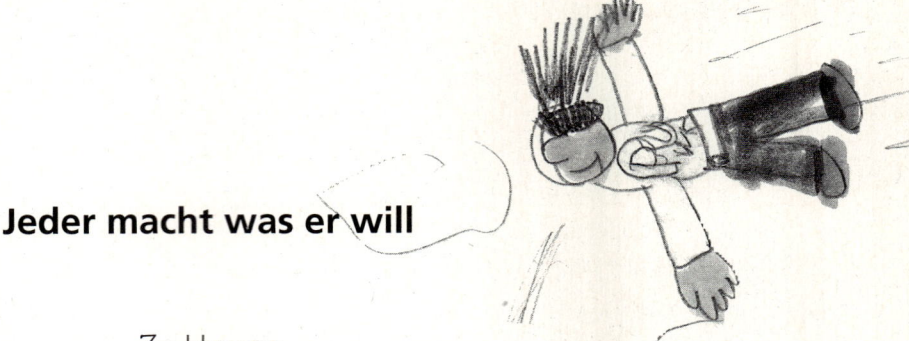

Jeder macht was er will

Zu Hause
Klaus dreht seine Musikanlage so laut auf, daß die Fensterscheiben wackeln.
Vater kommt von der Nachtschicht und will schlafen.
Mutter breitet ihre Nähsachen auf dem Fußboden aus.
Annette fährt im Wohnzimmer Rollschuhe.

In der Schule
Die Lehrerin legt die Beine aufs Pult und ißt ihr Frühstück.
Peter und Katrin spielen in der Klasse Fangen.
Susanne malt ein Bild.
Edgar und Oli werfen sich den nassen Schwamm zu.
Sandra und Yvonne wollen in der Ecke lesen.
Daniel schreit aus dem Fenster.
Nadine macht Hausaufgaben.

Im Turnverein
Egon hüpft auf dem Trampolin.
Yvonne und Elli werfen sich Bälle zu.
Peter klettert die Sprossenwand hoch.
Manuel und Christian ringen auf dem Fußboden.
Christine und Anna holen den Barren raus.
Die Übungsleiterin unterhält sich mit dem Hausmeister.

Wir brechen auf in die Freiheit

L 17.1

Verwendungsmöglichkeiten von M 17.1:

1.

Fragen zum Text
- Lest die drei Texte!
  Sprecht darüber, was passiert, wenn jeder macht, was er will.
- Wie müßten sich die einzelnen Personen verhalten, damit sie sich nicht gegenseitig stören?
  Schreibe auf:
  Klaus dreht seine Musikanlage leiser, weil Vater von der Nachtschicht kommt und schlafen will. Mutter…
- Welche Leute in den einzelnen Geschichten stören sich nicht? Unterstreicht die Namen jeweils mit gleichem Farbstift!

Lösung:

Klaus/Annette
Vater/Mutter
die Lehrerin/Peter und Katrin/Edgar und Oli/Daniel
die Lehrerin/Susanne/Sandra und Yvonne/Nadine
Egon/Yvonne und Elli/Peter/Manuel und Christian/Christine und Anna/die Übungsleiterin und der Hausmeister
Bei „Im Turnverein" stört eigentlich keiner den anderen, aber die Situation ist sehr gefährlich, weil die Verletzungsgefahr hoch ist. Die Übungsleiterin verletzt ihre Aufsichtspflicht.

Gespräch mit Fazit: Die Freiheit des einzelnen hört dort auf, wo die Freiheit des anderen beginnt. Regeln und Ordnungen sollen helfen, das Zusammenleben einfacher zu gestalten.

2.

Versucht in Rollenspielen, Regelungen für die einzelnen Situationen zu finden, und zwar so:
1. Jeder sagt, was er will.
2. Wo treten Konflikte auf?
3. Welche Lösungsmöglichkeiten gibt es?
4. Auf welche Lösung einigen sich die Betroffenen?

Beispiel:
Lehrerin: „Ich möchte beim Frühstücken die Beine aufs Pult legen."
Peter und Katrin: „Wir wollen in der Klasse Fangen spielen."
Susanne: „Ich möchte ein Bild malen."
Edgar und Oli: „Wir wollen uns den nassen Schwamm zuwerfen."
Sandra und Yvonne: „Wir möchten lesen."
Daniel: „Ich habe Lust, aus dem Fenster zu schreien."
Nadine: „Ich möchte meine Hausaufgaben machen."

Wir brechen auf in die Freiheit

L 17.1

Konflikt 1: Susanne: „Peter und Katrin, wenn ihr in der Klasse Fangen spielt, stoßt ihr an meinen Tisch und der Pinsel rutscht mir aus!"
Peter und Katrin: „Wir wollen aber Fangen spielen."

Konflikt 2: Sandra und Yvonne: „Daniel, wenn du so laut aus dem Fenster schreist und Peter und Katrin, wenn ihr so wild Fangen spielt und Edgar und Oli, wenn ihr mit dem nassen Schwamm herumwerft, können wir nicht lesen. Die Betroffenen: „Wir wollen aber …"

Konflikt 3: Nadine: „Ich kann nicht meine Hausaufgaben machen, wenn Daniel so laut schreit, Peter und Katrin wild Fangen spielen und Edgar und Oli sich den nassen Schwamm zuwerfen!"
Die Betroffenen: „Wir wollen aber."

Lösungsmöglichkeiten:

1. Susanne, Sandra, Yvonne und Nadine geben ihre Stillbeschäftigungen auf und toben auch herum oder umgekehrt.
2. Stillbeschäftigung und Tobezeiten werden festgelegt.
3. Räumliche Trennung. Problem: Aufsichtspflicht.

Einigung

Alle einigen sich darauf, daß es feste Stille- und Tobezeiten gibt. Wer zwischendrin Bewegung braucht, darf einmal kurz über den Schulhof rennen, oder…

Wir brechen auf in die Freiheit

M 17.2

Was mich gefangenhält

Manchmal kann ich nicht anders,
dann muß ich einfach brüllen und um mich schlagen.
Es ist, als würde eine andere Macht über mich bestimmen.
Ich bin außer mir.
Ich fahre aus der Haut.
Ich kenne mich selbst nicht mehr.
Ich bin wie ver-rückt.
Ich kann mich nicht zusammennehmen.
Ich explodiere!
Ich brülle laut herum und
schlage wild um mich.
Ich tue anderen weh
mit Worten und mit Schlägen.
Egal.
Die Wut muß raus.
Und hinterher?

Endlich frei

Manchmal kann ich jetzt schon anders,
ich muß nicht immer brüllen und um mich schlagen.
Es ist, als würde das, was ich eigentlich will,
mächtiger in mir.
Ich bin näher bei mir.
Ich fühle mich ganz wohl in meiner Haut.
Ich kenne mich recht gut.
Ich bin konzentrierter.
Ich kann mich besser zusammennehmen.
Ich spüre meine Kraft in meiner Mitte.
Ich rede sanfter und
merke, wo der andere anfängt.
Ich tue anderen wohl
mit Worten und mit Taten.
Ja, das will ich!
Die Liebe weitergeben,
die ich selbst bei mir gefunden habe.

Wir brechen auf in die Freiheit

L 17.2

Verwendungsmöglichkeiten von M 17.2:

1. L. **liest** den Text „Was mich gefangenhält" langsam und betont vor. **Gespräch im Sitzkreis:** Wie ist das bei mir?

2. L. liest den Text im Sitzkreis vor, der zur Tafel hin geöffnet ist. Jedes Kind bekommt den Text in die Hand und sucht sich einen Satz heraus, der für es zutrifft. Das Kind schreibt den **Satz an die Tafel** und liest ihn anschließend laut vor. Es schreibt immer ein Kind nach dem anderen an die Tafel. Anschließend gehen alle auf ihre Plätze und schreiben eine **kurze Geschichte zu „ihrem" Satz** auf.

   Beispiel eines 9jährigen Mädchens:
   „Ich tue andern weh mit Worten und mit Schlägen."

   Meine kleine Schwester ist 4 Jahre alt. Alle sagen, daß sie so süß ist. Ich finde das gar nicht, weil sie mir immer alles kaputtmacht. Wenn ich in mein Zimmer komme und sehe, daß sie schon wieder an meinen Barbiesachen war, krieg ich voll die Wut. Dann schreie ich sie an und knalle ihr eine, oder ich zwicke sie in den Arm. Dann rennt sie zur Mami, und ich muß in mein Zimmer, aber das ist mir egal.

3. Genauso wie bei 2. kann auch mit dem Text „Endlich frei" verfahren werden. Wenn die Kinder alle Sätze an die Tafel geschrieben haben, gehen sie auf ihre Plätze und schreiben wieder eine kurze Geschichte zu „ihrem" Satz auf. Wünschenswert ist es, wenn in dieser zweiten Geschichte derselbe Konflikt angesprochen wird.

   Beispiel:
   Dasselbe 9jährige Mädchen schreibt in einer der nächsten Stunden folgenden Text:
   „Ich tue anderen wohl mit Worten und mit Taten."

   Manchmal ist meine kleine Schwester gar nicht so schlimm. Sie ist ja auch noch klein und dumm, sagt Mama. Die denkt sich gar nichts dabei, wenn sie meine Barbiesachen durcheinanderwühlt. Manchmal kann ich ihr nicht böse sein, wenn sie so dasteht und mich mit ihren großen blauen Augen anguckt. Dann streichle ich ihr über ihre Locken und schenke ihr was von meinen Barbiesachen. Dann freut sie sich und zeigt es Mama. Dann sagt sie immer: „Ina ist lieb."

4. Die Geschichten werden in einem **Buch** jeweils auf den beiden gegenüberliegenden Seiten zusammengefaßt, so daß sie – jeweils mit der Überschrift „Was mich gefangenhält" und „Endlich frei" – zum Nachdenken anregen: **Freiheit ist die Freiheit zum selbstbestimmten Handeln.**

Wir brechen auf in die Freiheit

M 17.3

Der Ursprung des Passahfestes (2. Mos. 12, 34–42)

Die Isreaeliten nahmen ihren Brotteig ungesäuert in Backtrögen mit, die sie in Kleider gewickelt auf ihren Schultern trugen.

Nach Moses Anweisung hatten sie sich von den Ägyptern Silber- und Goldschmuck und auch Kleider erbeten.

Der Herr hatte ihnen bei den Ägyptern Achtung verschafft, so daß sie von ihnen alles bekamen, worum sie baten.

Die Israeliten zogen von Ramses nach Sukkot. Es waren etwa 600000, die Frauen und Kinder nicht mitgezählt. Auch eine erhebliche Zahl von Fremden schloß sich ihnen an. Große Herden von Schafen, Ziegen und Rindern führten sie mit.

Aus dem Teig, den sie aus Ägypten mitgebracht hatten, backten sie Brotfladen; denn sie hatten so plötzlich aus Ägypten aufbrechen müssen, daß der Teig noch nicht durchgesäuert war. Sie hatten auch keine Zeit mehr gehabt, für Reiseverpflegung zu sorgen. 430 Jahre hatten die Israeliten in Ägypten gelebt. An dem Tag, an dem diese Zeit abgelaufen war, verließ das ganze Volk des Herrn in geordneten Scharen das Land.

Während der Nacht, in der der Herr sie aus Ägypten herausführte, wachte er über sie.

Seitdem ist diese Nacht für alle Isreaeliten eine Nacht, in der sie zur Ehre des Herrn wachbleiben.

Wir brechen auf in die Freiheit

L 17.3

Verwendungsmöglichkeiten von M 17.3:

1. **Fragen zum Text**
   1. Was nahmen die Israeliten mit?
   2. Wer zog mit ihnen?
   3. Wann und wie verließen sie das Land?
   4. Wie lange hatten die Israeliten in Ägypten gelebt?
   5. Warum bleiben die Israeliten in der Passahnacht wach?

   Antworten:
   430 Jahre
   ungesäuerten Brotteig, Silber- und Goldschmuck, Kleider, große Herden von Schafen, Ziegen und Rindern
   zur Ehre des Herrn
   während der Nacht in geordneten Scharen
   eine erhebliche Anzahl von Fremden

2. **Bildteppich:** Die Geschichte auf eine Tapetenrolle malen.

   Folgende Textstellen eignen sich gut dafür:
   1. Die Israeliten tragen den ungesäuerten Brotteig in Backtrögen.
   2. Nach Moses Anweisung hatten sie sich von den Ägyptern Silber- und Goldschmuck erbeten.
   3. Große Herden von Schafen, Rindern und Ziegen führten sie mit.
   4. Aus dem Teig backten sie Brotfladen.
   5. Während der Nacht, in der der Herr sie aus Ägypten herausführte, wachte er über sie.

3. Den Text für eine **„Passahfeier"** verwenden:
   Alle sitzen im Kreis, in der Mitte liegen ungesäuerte Brote (Matze). Die Kinder sprechen (in beliebiger Reihenfolge) Textstellen an, die sie als Fragen formulieren. Dabei stehen sie auf, nehmen ein Stück Matze und verteilen es an die anderen.

   Beispiele:
   Wißt ihr noch, wie wir den ungesäuerten Brotteig in Backtrögen trugen?
   Erinnert ihr euch, daß wir die Brottröge in Kleider gewickelt hatten?
   Denkt ihr noch daran, daß der Herr uns bei den Ägyptern Achtung verschafft hatte?